Korean Grammar

for

Speaking

English Version

Song Won

How to Study Languages?

When it comes to learning languages, how can we become multilingual? Can we teach ourselves? Is there a fast way? Is it necessary to go abroad to study a foreign language?

In the course of teaching myself several foreign languages I have realized a few things. I would like to share those lessons to provide some information with people who are interested in studying languages themselves.

Having an interest and love for the language you are learning is fundamental. With that you can gain knowledge easily. Learn with passion and wonder about many things. Get interested and have fun. Studying another language can be a tool to have fun, expose you to new experiences and be a strong weapon to change your life.

Let's look at how to teach yourself a language more specifically:

1. Memorize the Characters

Obviously, you have to memorize the chracters in order to read and write.

2. Study Grammar

If you are not trying to be a linguist, you don't necessarily have to study grammar terms like subject, object, etc., but you should learn how to conjugate. You should find the verb infinitives and conjugate them appropriately.

For example, in English, let's say you are studying the grammar rules for 'want to do something'. To make it work, you should add infinitives such as go, eat, study, etc. right after 'to'. Then you will make the sentences: "I want to go", "I want to eat", and "I want to study".
It's simple, right? From there you can begin to memorize words like 'he' and 'she' and swap them out with 'I' to make new sentences.

Korean, Japanese, Chinese and many other languages work the same way. Try to understand as simply as possible, so that you will be able to say whatever you want if you have the right words. You can make thousands of sentences if you learn proper grammar.

3. Memorize Words Everyday, little by little

Instead of memorizing 10-20 words all at once, I recommend memorizing the words around you one at a time.

Take an interest in things and situations around you and learn these words first. Put them in a portable device that you always have with you such as a cellphone. Use your free time, for example, waiting for the bus or riding the subway, to look at the words you entered whenever possible. It is also good to write the words on memo paper (like Post-it Notes) and stick them all around you. You can stick the words right next to your bed, on your desk, refrigerator, light switches, mirrors, closets, etc., so that you can always review these new words.

4. Study with Movies and TV Shows

Downloading a movie or a drama with subtitles is an easy way to be influenced by any language. First, pause what you are watching and read the subtitles out loud before an actor speaks, then play it and listen to what the actor says. Pause it again, and mimic the actor.

Repeat this a few times until you get used to it and feel like you are speaking just like the actor. By doing this, you are studying the accent and intonation that the actor has. It can be helpful to memorize and learn some words and expressions that you hear as well. Words you don't know can easily be searched on the internet.

Simply watching dramas and movies without practicing can be helpful too, but only when you are already familiar with the language.

5. Talk to Native Speakers

Talk with native speakers in person, over the phone, through texting or on a computer every day. If possible, make friends with native speakers who have the same interests as you. Use tools such as penpal websites, applications (I highly recommend using HelloTalk), voice calling, and video calling for chances to talk to them as much as you can. Social media outlets are not only for sharing your thoughts and pictures with your friends, but also can be useful tools to study languages. Many language exchange applications exist to reach native speakers of the language you are learning.

6. Meet Native Speakers

Memorizing words and studying grammar at your desk is not the only way to study languages. Meet people, hang out with them, and spend time with them, too!

You should be exposed to the circumstances in which the language is used. Don't be shy even though you have just started studying, and be confident even though you will make mistakes. Use mistakes as another way of studying and take note when you make them. Review and correct the mistakes you made and try to use the correct language the next time.

7. Don't Ask Why

There are many questions you should ask when learning a language, for example, you should ask if things are correct or not. But if you are not a linguist, and only want to speak, understand and interact with other people in the language you are studying, don't ask why! It is not important to figure out why 'bag' is 'bag' in English for instance. Instead, focus your energy on what is essential, the actual use of the language. If you are using the language correctly, keep using it. If not, fix your mistakes. Irregulars? Memorize them!

8. Take the Language As It Is

Once you start learning a language you might have a habit of translating the language into your mother tongue. Doing this is okay at the beginning, but it is not a good habit. Native speakers would not read a book by translating it in their heads. Think of yourself as a native speaker of your new language and try to read and understand and speak as they do. It won't be easy at the beginning but you will get used to it and be able to speak and listen to native speakers without translating.

9. Use the Circumstances Around You

Let's say there's a man walking outside, a girl is on the phone, another person is driving, and someone is drinking coffee.
Don't just walk away. Think about the situations in your head like "A man is walking", "A girl is talking on the phone with her friend" and see if you can describe these situations in the language you are studying.
Listen to what people are saying around you and think about how to say the phrases you hear in the language you are studying.
Everything that happens around you can be an opportunity to learn. In this way, you don't need to go abroad to study a language.

10. Simplify

You don't have to use big, difficult words. You don't have to try to find a perfectly matched word from your mother tongue. Instead, use simple words that you have learned and already know.

Don't forget that a great speaker is not a person who explains things with big words, but one who explains things using easy words that can be understood by people from age 10 to 100.

I hope these tips will help you as much as they helped me in learning new languages. Good luck and don't give up.

Thank you,

Contents

Unit

Unit

Consonants

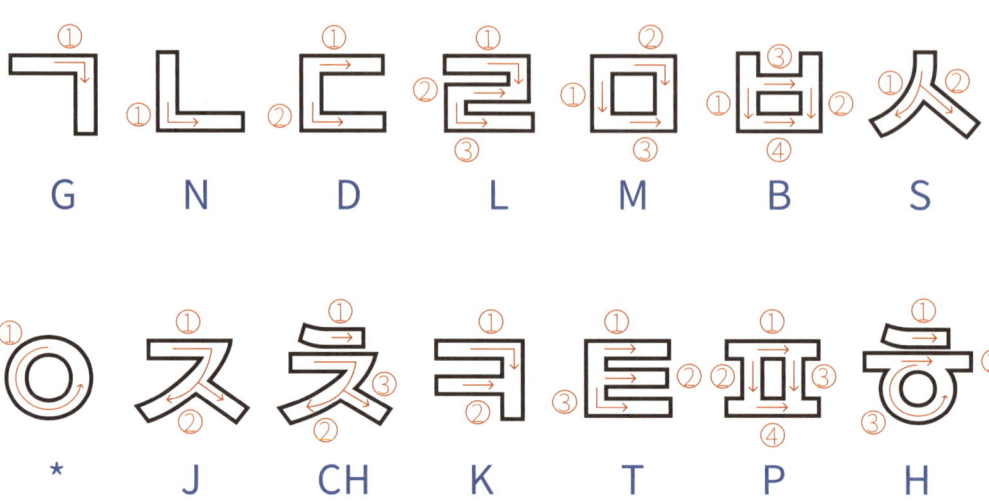

G	N	D	L	M	B	S

*	J	CH	K	T	P	H

GG	DD	BB	SS	JJ

Vowels

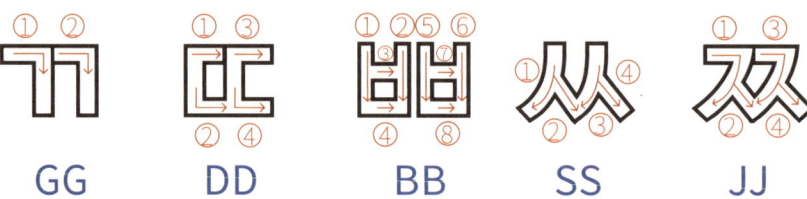

a	ya	eo	yeo	o

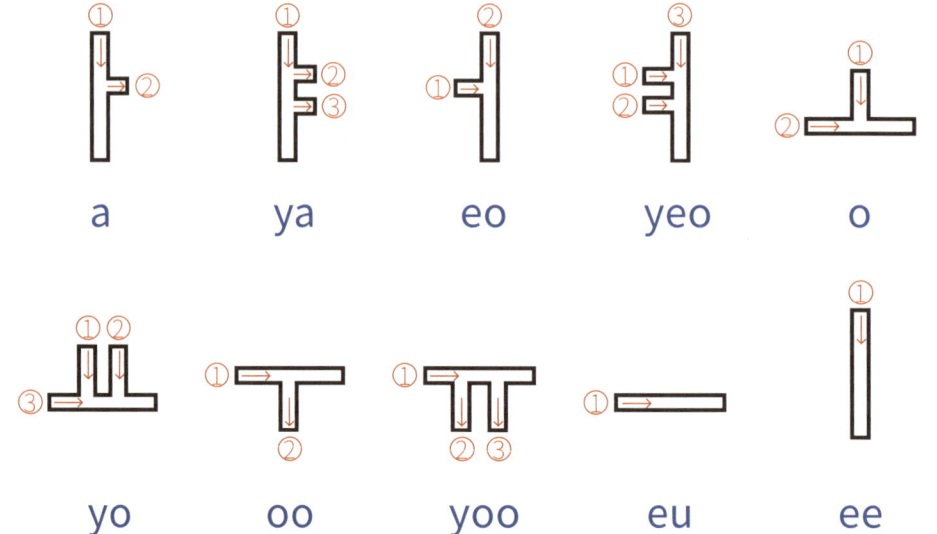

yo	oo	yoo	eu	ee

ㄱ + ㅏ = 가   ㄴ + ㅏ = 나
ㄷ + ㅏ = 다   ㄹ + ㅏ = 라

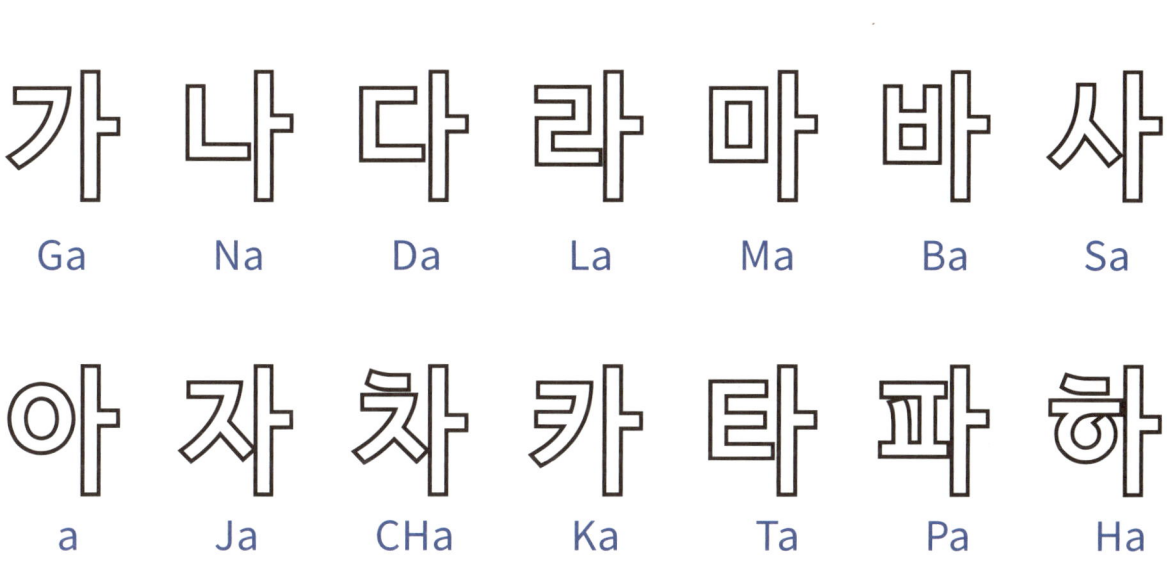

가	나	다	라	마	바	사
Ga	Na	Da	La	Ma	Ba	Sa

아	자	차	카	타	파	하
a	Ja	CHa	Ka	Ta	Pa	Ha

* Pronounced stronger than normal consonants

까	따	빠	싸	짜
GGa	DDa	BBa	SSa	JJa

Practice!

까치 따다 오빠 싸다 아빠

	ㅏ	ㅑ	ㅓ	ㅕ	ㅗ	ㅛ	ㅜ	ㅠ	ㅡ	ㅣ
ㄱ	가 Ga	갸 Gya	거 Geo	겨 Gyeo	고 Go	교 Gyo	구 Goo	규 Gyu	그 Geu	기 Gee
ㄴ	나 Na	냐 Nya	너 Neo	녀 Nyeo	노 No	뇨 Nyo	누 Noo	뉴 Nyu	느 Neu	니 Nee
ㄷ	다 Da	댜 Dya	더 Deo	뎌 Dyeo	도 Do	됴 Dyo	두 Doo	듀 Dyu	드 Deu	디 Dee
ㄹ	라 La	랴 Lya	러 Leo	려 Lyeo	로 Lo	료 Lyo	루 Loo	류 Lyu	르 Leu	리 Lee
ㅁ	마 Ma	먀 Mya	머 Meo	며 Myeo	모 Mo	묘 Myo	무 Moo	뮤 Myu	므 Meu	미 Mee
ㅂ	바 Ba	뱌 Bya	버 Beo	벼 Byeo	보 Bo	뵤 Byo	부 Boo	뷰 Byu	브 Beu	비 Bee
ㅅ	사 Sa	샤 Sya	서 Seo	셔 Syeo	소 So	쇼 Syo	수 Soo	슈 Syu	스 Seu	시 See
ㅇ	아 a	야 ya	어 eo	여 yeo	오 o	요 yo	우 Woo	유 yu	으 eu	이 ee
ㅈ	자 Ja	쟈 Jya	저 Jeo	져 Jyeo	조 Jo	죠 Jyo	주 Joo	쥬 Jyu	즈 Jeu	지 Jee
ㅊ	차 CHa	챠 CHya	처 CHeo	쳐 CHyeo	쵸 CHo	쵸 CHyo	추 CHoo	츄 CHyu	츠 CHeu	치 CHee
ㅋ	카 Ka	캬 Kya	커 Keo	켜 Kyeo	코 Ko	쿄 Kyo	쿠 Koo	큐 Kyu	크 Keu	키 Kee
ㅌ	타 Ta	탸 Tya	터 Teo	텨 Tyeo	토 To	툐 Tyo	투 Too	튜 Tyu	트 Teu	티 Tee
ㅍ	파 Pa	퍄 Pya	퍼 Peo	펴 Pyeo	포 Po	표 Pyo	푸 Poo	퓨 Pyu	프 Peu	피 Pee
ㅎ	하 Ha	햐 Hya	허 Heo	혀 Hyeo	호 Ho	효 Hyo	후 Hoo	휴 Hyu	흐 Heu	히 Hee

Exercises

1. Trace the characters while you read them out loud.
2. Practice until you feel comfortable with the characters and their sounds.
3. Once you finish steps 1 and 2, try reading the characters quickly.

	ㅏ	ㅑ	ㅓ	ㅕ	ㅗ	ㅛ	ㅜ	ㅠ	―	ㅣ
ㄱ										
ㄴ										
ㄷ										
ㄹ										
ㅁ										
ㅂ										
ㅅ										
ㅇ										
ㅈ										
ㅊ										
ㅋ										
ㅌ										
ㅍ										
ㅎ										

	ㅏ	ㅑ	ㅓ	ㅕ	ㅗ	ㅛ	ㅜ	ㅠ	ㅡ	ㅣ
ㄱ										
ㄴ										
ㄷ										
ㄹ										
ㅁ										
ㅂ										
ㅅ										
ㅇ										
ㅈ										
ㅊ										
ㅋ										
ㅌ										
ㅍ										
ㅎ										

도시	여자	두부	모자	바지
누나	휴지	아기	사자	오후
우리	요리	오리	야구	자유
지하	치타	커피	코피	쿠키
피자	가수	기차	구두	다리
아빠	가사	가치	나비	나라
오이	도로	거기	소리	우유
어디	누구	여기	저기	자리
주스	쵸보	타조	투표	바다
포도	호수	허리	오빠	모기
파리	머리	치즈	휴가	유리
거기	소녀	이모	고모	스키
터키	호주	로마	가나	도쿄

Reading & Writing
with Bottom Consonants called '받침'

1 ㄱ ㄴ ㄷ ㄹ ㅁ ㅂ ㅅ ㅇ ㅈ ㅊ ㅋ ㅌ ㅍ ㅎ

G N D L M B S * J CH K T P H

2 ㅏ ㅑ ㅓ ㅕ ㅗ ㅛ ㅜ ㅠ ㅡ ㅣ

a ya eo yeo o yo oo yoo eu ee

3 받침 ㄱ ㄴ ㄷ ㄹ ㅁ ㅂ ㅅ ㅇ ㅈ ㅊ ㅋ ㅌ ㅍ ㅎ

k n t l m p t ng t t k t p t

$$ㄱ + ㅏ + ㄱ = 각$$

각 낙 닥 락 막 박 삭

Gak　Nak　Dak　Lak　Mak　Bak　Sak

앙 장 창 캉 탕 팡 항

Ang　Jang　Chang　Kang　Tang　Pang　Hang

1. When 'ㄱ, ㅋ, ㄲ, ㄺ ㄳ' are on the bottom, it becomes '**K**'.
   Practice reading 도시락, 책, 부엌, 낚시, 대박, 맑다, 넋.

2. When 'ㄷ, ㅅ, ㅈ, ㅊ, ㅌ, ㅎ, ㅆ' are on the bottom, it becomes '**T**'.
   Practice reading 갇히다, 갓, 갖다, 낯, 닻, 찾다, 같다, 걷다, 꽃.

3. When 'ㅇ' is on the bottom, it becomes '**ng**'.
   Practice reading 창문, 영어, 방, 강.

Exercises

1. Fill in the blanks, and read out loud at the same time.
2. Practice until you feel comfortable with the characters and their sounds.
3. Once you finish steps 1 and 2, try reading the characters quickly.

창 문	남 자	친 구	양 말	영 국
사 람	교 실	영 어	한 국	미 국
신 발	서 울	연 필	낚 시	공 부
경 찰	일 본	무 릎	학 교	가 방
번 호	결 혼	성 공	사 진	뉴 욕
언 니	가 족	엄 마	감 기	기 침
안 경	약 국	전 철	전 통	축 구
농 구	질 문	필 통	사 전	독 일
전 기	라 면	김 밥	공 기	소 문
자 연	연 기	한 복	손 톱	지 문
추 억	도 전	달 력	시 간	청 소
수 영	신 문	빌 딩	장 소	약 속

Consonants

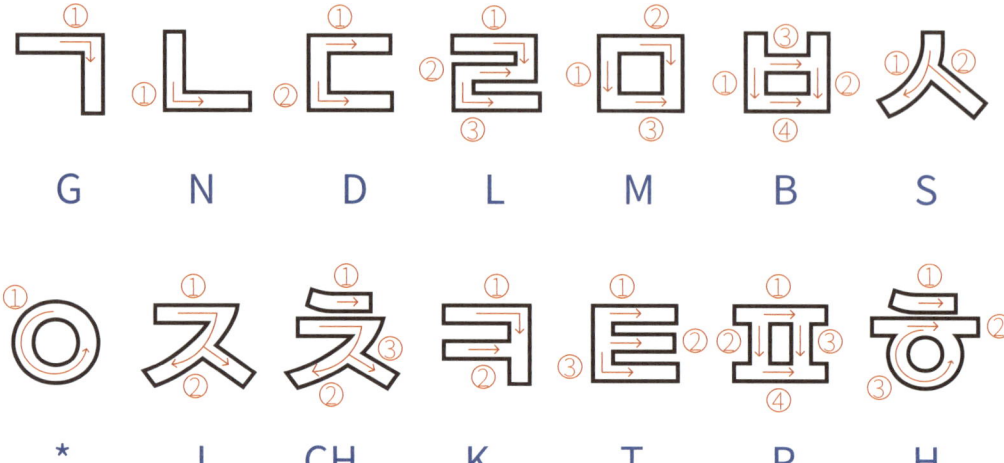

G   N   D   L   M   B   S

*   J   CH   K   T   P   H

Vowels

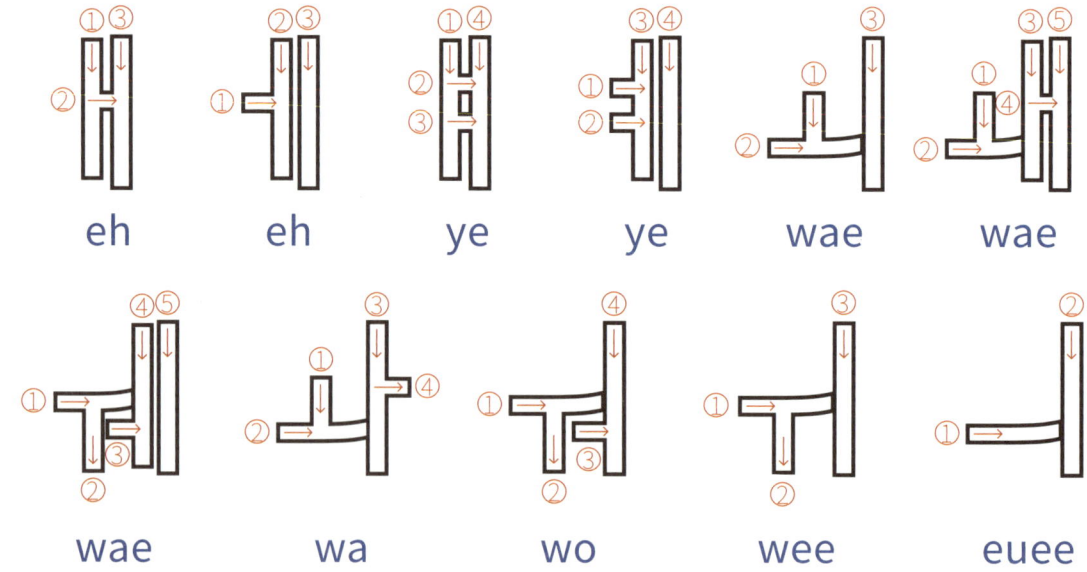

eh   eh   ye   ye   wae   wae

wae   wa   wo   wee   euee

Practice

Geh   Neh   Dwae   Bwa   Mwo   Jwee   Euee

Exercises

1. Trace the characters while you read them out loud.
2. Practice until you feel comfortable with the characters and their sounds.
3. Once you finish steps 1 and 2, try reading the characters quickly.

숙제	동생	병원	책상	전화
냉면	공책	문제	계획	어깨
미래	과거	현재	과제	제목
평화	대화	사과	괴물	귀신
전쟁	맥주	권투	은행	돼지
생명	매미	여행	액자	액체
앨범	침대	대표	배낭	학생
생일	완료	예문	외국	예의
예절	과일	냉면	의사	공책
자세	세수	샤워	문제	계획
여행	경제	문화	사회	회의
의자	예습	화장	폐암	대박

Numbers for Reading

*Korean has two different number systems. The following is primarily used for reading.

0	1	2	3	4	5	6	7	8	9	10
영/공	일	이	삼	사	오	육	칠	팔	구	십

11	12	13	14	15	16	17	18	19	20	21
십일	십이	십삼	십사	십오	십육	십칠	십팔	십구	이십	이십일

10	20	30	40	50	60	70	80	90	100	200
십	이십	삼십	사십	오십	육십	칠십	팔십	구십	백	이백

100	1,000	10,000	100,000	1,000,000
백	천	만	십만	백만

* Rewrite

0	1	2	3	4	5	6	7	8	9	10

11	12	13	14	15	16	17	18	19	20	21

10	20	30	40	50	60	70	80	90	100	200

100	1,000	10,000	100,000	1,000,000

Exercises

1. Rewrite the words a few times and memorise them.

1) 전화번호   전화번호 전화번호 전화번호
phone number

2) 우편번호 _____
postal code

3) 년 _____
year

4) 출구 _____
exit

5) 번 (번호) _____
number

6) 월 _____
month

7) 원 _____
Won (Korean Money)

8) 층 _____
floor

9) 요일 _____
day

2. Answer these questions in Korean.

1) What is the date today?   이천십오 년 삼 월 십팔 일

2) When is your birthday?

3) What is your phone number?

4) What is your postal code?

3. Write your family members' or friends' phone numbers in Korean.

1)   공일공 이칠팔오 삼구사이

2)

3)

4)

4. Write the following numbers in Korean.

1)   010-2434-1840   →   공일공 이사삼사 일팔사공

2)   2015년 5월 23일   →

3)   39,000원   →

4)   1307번 버스   →

5)   우편번호 170-514   →

6)   10층   →

7)   아파트 104동 2102호   →

1	2	3	4	5	6	7	8	9	10
하나 (한)	둘 (두)	셋 (세)	넷 (네)	다섯	여섯	일곱	여덟	아홉	열

11	12	13	14	15	16	17	18	19	20
열하나 (열한)	열둘 (열두)	열셋 (열세)	열넷 (열네)	열다섯	열여섯	열일곱	열여덟	열아홉	스물 (스무)

*Use the number in the bracket when a noun is added. Ex) 한 개, 두 개, 세 개..

20	30	40	50	60	70	80	90	100
스물	서른	마흔	쉰	예순	일흔	여든	아흔	백

* 몇 - how many   *명 vs 분 - Use 명 in informal settings, but use 분 during formal situations.

thing	year old	person(s)	person(s)	bottle	glass	book	clothes
개	살	명	분	병	잔	권	벌

car	paper	o'clock	month	piece	animal	plate	shoes
대	장	시	달	조각	마리	그릇	켤레

몇 분이세요?
How many people?

두 명이요.
2 people.

맥주를 한 병 주세요.
Please give me a bottle of beer.

네.
Yes.

물을 한 잔 주세요.
Please give me a cup of water.

셀프예요.
It's self service.

밥을 몇 그릇 먹었어요?
How many plates of rice did you eat?

세 그릇을 먹었어요.
I ate 3 (whole) plates.

신발 몇 켤레가 있어요?
How many pairs of shoes do you have?

두 켤레가 있어요.
I have two pairs of shoes.

책을 몇 권 샀어요?
How many books did you buy?

네 권을 샀어요.
I bought 4 books.

사과 한 개에 얼마예요?
How much is an apple?

2,000원이에요.
It's 2,000 Won.

몇 살이에요?
How old are you?

스물일곱 살이에요.
I'm 27 years old.

고양이가 몇 마리 있어요?
How many cats are there?

다섯 마리가 있어요.
There are 5 cats.

Exercises

1. Write 3 times each with 하나 (한), 둘 (두) ...

1	2	3	4	5	6	7	8	9	10
하나 (한) 하나 (한) 하나 (한)									
11	**12**	**13**	**14**	**15**	**16**	**17**	**18**	**19**	**20**

2. Fill in the blanks using the appropriate number and counter.

1) 종이   종이 한 장
   a piece of paper

2) 커피   _____
   a cup of coffee

3) 사람   _____
   5 people

4) 신발   _____
   7 pairs of shoes

5) 케익   _____
   2 pieces of cake

6) 고양이   _____
   12 cats

7) 맥주   _____
   10 glasses of beer

8) 21   _____
   21 years old

9) 옷   _____
   19 clothes

10) 자동차 _____
   27 cars

11) 책   _____
   37 books

12) 바나나 _____
   3 bananas

3. Answer the questions with the given numbers.

> 1) 23   2)6   3)5   4)17   5)31   6)13   7)22   8) 25

1) 동생이 몇 살이에요?   →   스물세 살이에요.

2) 가족이 몇 명이에요?   →   _____

3) 지금 몇 시예요?   →   _____

4) 몇 개예요?   →   _____

5) 개가 몇 마리예요?   →   _____

6) 몇 병이에요?   →   _____

7) 책은 몇 권이에요?   →   _____

8) 몇 살이에요?   →   _____

Unit 8

Time / Days / Dates

Time   시간: time, hour, 시: o'clock, 분: minute, 초: second

Use native Korean numbers for hours(하나, 둘, 셋..), and Sino-Korean numbers (일, 이, 삼..) for minutes.

1:00	2:00	3:00	4:00	5:00	6:00	7:00	8:00	9:00	10:00
한 시	두 시	세 시	네 시	다섯 시	여섯 시	일곱 시	여덟 시	아홉 시	열 시

1분	2분	3분	4분	5분	6분	7분	8분	9분	10분
일 분	이 분	삼 분	사 분	오 분	육 분	칠 분	팔 분	구 분	십 분

11:05	12:10	3:40	5:27	6:35	8:43	9:24	10:55
열한 시 오 분	열두 시 십 분	세 시 사십 분	다섯 시 이십칠 분	여섯 시 삼십오 분	여덟 시 사십삼 분	아홉 시 이십사 분	열 시 오십오 분

아침	점심 (시간)	저녁	새벽	오전	오후	밤
morning	lunch (time)	evening	dawn	morning	afternoon	night

어제	오늘	내일	지난주	이번 주	다음 주	주말
yesterday	today	tomorrow	last week	this week	next week	weekend

Months / Dates

1월 (일 월)	2월 (이 월)	3월 (삼 월)	4월 (사 월)	5월 (오 월)	6월 (유 월)
January	February	March	April	May	June

7월 (칠 월)	8월 (팔 월)	9월 (구 월)	10월 (시 월)	11월 (십일 월)	12월 (십이 월)
July	August	September	October	November	December

1일 (일 일)	2일 (이 일)	3일 (삼 일)	4일 (사 일)	5일 (오 일)	6일 (육 일)
1st	2nd	3rd	4th	5th	6th

Days

월요일	화요일	수요일	목요일	금요일	토요일	일요일
Monday	Tuesday	Wednesday	Thursday	Friday	Saturday	Sunday

Exercises

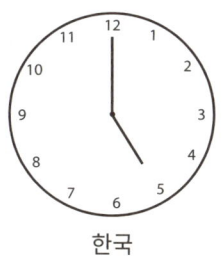
한국
Korea

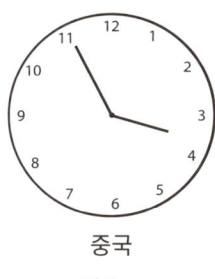
중국
China

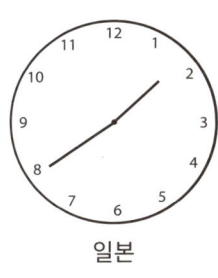
일본
Japan

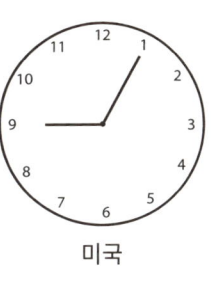
미국
America

태국
Thailand

1. Answer the following questions. *지금: now

1) 지금 한국은 몇 시예요?   다섯 시예요.

2) 지금 중국은 몇 시예요?

3) 지금 일본은 몇 시예요?

4) 지금 미국은 몇 시예요?

5) 지금 태국은 몇 시예요?

2. Answer the following questions. *오늘: today, 무슨: what

1)	**2009 / November**

```
1   2   3   (4)  5   6   7
8   9   10  11  12  13  14
15  16  17  18  19  20  21
22  23  24  25  26  27  28
29  30
```

2)	**2000 / July**

```
            1   2   3   4
5   (6)  7   8   9   10  11
12  (13) 14  15  16  17  18
19  20  21  22  23  24  25
26  27  28  29  30  31
```

3)	**2013 / February**

```
                        1
2   3   4   5   6   7   8
9   10  11  12  13  14  15
16  17  18  19  (20) 21  22
23  24  25  26  27  28
```

4)	**2015 / May**

```
            1   2   3   4   5
6   7   8   9   10  11  12
13  14  15  16  17  18  19
20  21  22  23  24  25  26
27  28  29  30  (31)
```

1) 오늘 무슨 요일이에요?   수요일이에요.

2) 오늘 며칠이에요?

3) 오늘 무슨 요일이에요?

4) 오늘 몇 년 몇 월 며칠이에요?

3. Read and write the time.

1 : 05	2 : 20	3 : 45	4 : 17	5 : 30	6 : 09	7 : 41	8 : 50	9 : 12	10 : 10

11 : 00	12 : 03	8 : 14	7 : 28	1 : 18	4 : 46	5 : 33	3 : 52	6 : 07	2 : 22

25

<table>
<tr><td>

Unit 9

</td><td>

은 / 는, 예요 / 이에요
(To be)

</td></tr>
</table>

Instead of using you, he, she, or they, use titles (such as brother, sister, teacher, etc).
* 'I' and 'we' are used often.

> 안녕하세요, 저는 지나예요. 저는 학생이에요.
> 안녕하세요, 저는 송원이에요. 저는 선생님이에요.
>
> Hello, I am Gina. I am a student.
> Hi, I am Song Won. I am a teacher.

Formal	**Informal**
I = 저 / I am = 저는	I = 나 / I am = 나는
we = 저희 / we are = 저희는	we = 우리 / we are = 우리는

 **No 받침**

저는 지나예요.
저희는 친구예요.

Add 는 for No받침 words

I am Gina.
We are friends.

IMPORTANT

선생님
받침(Bottom Consonants)

The red characters are the '받침'.
We only count the last '받침' when we conjugate.

받침

서울은 어디예요?
핸드폰은 얼마예요?

Add 은 for 받침 words

Where is Seoul?
How much is the phone?

You have to finish sentences with 예요 or 이에요 if there is a noun.

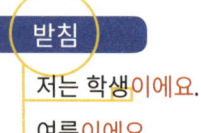 **No 받침**

Add 예요 when the word doesn't have a 받침 at the end of it.

저는 지나예요.	I'm Gina.	지나예요?	Are you Gina?
우리는 친구예요.	We're friends.	친구예요?	Is she/he your friend?
카메라예요.	It's a camera.	카메라예요?	Is it a camera?

받침

Add 이에요 when the word has a 받침 at the end of it.

저는 학생이에요.	I'm a student.	학생이에요?	Are you a student?
여름이에요.	It's summer.	여름이에요?	Is it summer?

When speaking, we make things shorter. For example in English, I am = I'm, we are = we're

저는=전, 나는=난, 저희는=저흰, 우리는=우린

Exercises

1. Complete the blanks using '은' or '는'.

1) 저 ___저는___
I, me (formal)

2) 나 _____
I, me (informal)

3) 저희 _____
we, our (formal)

4) 우리 _____
we, our (informal)

5) 엄마 _____
mom

6) 아빠 _____
dad

7) 형 _____
older brother (for guys)

8) 누나 _____
older sister (for guys)

9) 언니 _____
older sister (for girls)

10) 오빠 _____
older brother (for girls)

11) 동생 _____
younger sibling

12) 선생님 _____
teacher

13) 어머니 _____
mother

14) 아버지 _____
father

15) 할머니 _____
grandmother

16) 할아버지 _____
grandfather

17) 친구 _____
friend

18) 가족 _____
family

19) 오늘 _____
today

20) 내일 _____
tomorrow

21) 어제 _____
yesterday

22) 사람 _____
person

23) 남자 _____
man

24) 여자 _____
woman

2. Complete the blanks using '은/는' and '예요/이에요'.

1) 안녕하세요. 저는 스캇이에요.
Hi. I am Scott.

2) 오늘__ 제 생일_____.
Today is my birthday.

3) 내일__ 크리스마스_____.
Tomorrow is Christmas.

4) 저희 엄마__ 요리사_____.
My mom is a cook.

5) 카메라__ 얼마__?
How much is the camera?

6) 제 이름__ 민수_____.
My name is Minsoo.

7) 저__ 선생님_____.
I am a teacher.

8) 제임스__ 학생_____.
James is a student.

9) 케빈__ 제 친구_____.
Kevin is my friend.

10) 제 동생__ 13살_____.
My younger sibling is 13.

11) 우리__ 친구_____.
We are friends.

12) 제 동생__ 남자_____.
My younger sibling is a man.

13) 저__ 한국 사람_____.
I am Korean.

14) 제 친구__ 미국 사람_____.
My friend is American.

15) 제시카__ 여자_____.
Jessica is a girl.

3. Write your friend's name and job or age using '은/는', '예요/이에요'. Ex) 피터는 학생이에요.

1) _____

2) _____

예요 / 이에요, 요/이요
To be

when 언제, where 어디, who 누구, what 뭐/무슨, how 어떻게, why 왜

언제예요?	When is it?
어디예요?	Where is it?
누구예요?	Who is it?
뭐예요?	What is it?
*왜요?	Why is it?

*무엇 gets shorten to 뭐.

뭐 + verbs
무슨 + nouns

this	이				이것
that	저	+	thing 것	=	저것
it, the	그				그것

이것은 뭐예요?	What is this?	저것은 얼마예요?	How much is that?
그것은 책이에요.	It is a book.	저것은 10,000원이에요.	That is 10,000 Won.
무슨 책이에요?	what book is it?	그럼, 이것은 얼마예요?	Then, how much is this?

For speaking, 이것은-이건, 저것은-저건, 그것은-그건

---

this	이	person	사람	=	이 사람
that	저	+ man	남자	=	저 남자
it, the	그	girl	여자	=	그 여자

이 사람은 누구예요?	Who is this person?	저 음식은 뭐예요?	What is that food?
그 사람은 제 친구예요.	The person is my friend.	저 음식은 비빔밥이에요.	That food is bibimbap.

요, 이요 is used when you want to use just a noun politely.

No 받침	요

누구세요?	Who are you?	이건 뭐예요?	What is this?
저요?	Me?	컴퓨터요.	A computer.
저는 떠나요.	I'm leaving.	저건 뭐예요?	What is that?
언제요?	When?	카메라요.	A camera.

받침	이요

오늘 무슨 요일이에요?	What day is today?	무슨 일을 해요?	What do you do?
월요일이요.	Monday.	선생님이요.	A teacher.
얼마예요?	How much is it?	뭐 좋아해요?	What do you like?
2,000원이요.	2,000Won.	라면이요.	Noodles.

Exercises

1. Complete the blanks using '예요', '이에요'.

1) 라디오 _라디오예요._
radio

2) 컴퓨터 _____
computer

3) 핸드폰 _____
cellphone

4) 에어컨 _____
air conditioner

5) 카메라 _____
camera

6) 자켓 _____
jacket

7) 인터넷 _____
Internet

8) 선글라스 _____
sunglasses

9) 원피스 _____
dress

10) 티셔츠 _____
T-shirt

11) 넥타이 _____
necktie

12) 청바지 _____
jeans

2. Write the questions and answers using the following words.

1) 월요일/은/이에요/오늘　　Q. 오늘은 월요일이에요?　　A. 네, 오늘은 월요일이에요.

2) 은/내일/이에요/화요일

3) 민수 씨/선생님/는/이에요

4) 학생/는/이에요/지나

5) 이에요/은/자켓/이것

6) 예요/은/저것/청바지

7) 그것/은/예요/원피스

8) 사람/저/친구/예요/은

9) 예요/은/그/사람/의사

10) 는/예요/테일러/여자

3. Use 언제, 어디, 누구, 뭐, 무슨 to fill in the blanks.

1) 콘서트가 _언제_ 예요?

2) 집이 _____ 예요?

3) 이 사람은 _____ 예요?

4) _____ 책이에요?

5) 저 여자는 _____ 예요?

6) 화장실이 _____ 예요?

콘서트	concert
집	house
사람	person
책	book
여자	woman
화장실	bathroom
비밀번호	password
점심시간	lunchtime
생일	birthday

7) 와이파이 비밀번호가 _뭐_ 예요?

8) 커피숍이 _____ 예요?

9) 점심시간이 _____ 예요?

10) _____ 영화예요?

11) 그 남자는 _____ 예요?

12) 생일이 _____ 예요?

4. Complete the blanks using '요/이요'.

1) 봄 _____
spring

2) 여름 _____
summer

3) 가을 _____
fall

4) 겨울 _____
winter

5) 저 _____
I, me

6) 15살 _____
15 years old

7) 두 명 _____
2 people

8) 한 시 _____
1 o'clock

Unit 11

요 / 어요 / 해요
I do
(Polite)

No 받침 — Take out 다, and add 요

go	가다 → 가요	어디에 가요? Where do you go? (Where are you going?)	집에 가요. I go (to) home.
sleep	자다 → 자요	언제 자요? When do you sleep?	10시에 자요. I sleep at 10 o'clock.
buy	사다 → 사요	뭐를 사요? What do you buy?	카메라를 사요. I buy a camera.

받침 — Take out 다, and add 어요

eat	먹다 → 먹어요	뭐를 먹어요? What do you eat?	치킨을 먹어요. I eat chicken.
have	있다 → 있어요	시간이 있어요? Do you have time?	네, 있어요. Yes, I have.
read	읽다 → 읽어요	뭐를 읽어요? What do you read?	책을 읽어요. I read a book.

If the last vowel ends with ㅏ or ㅗ, add 아요

live	살다 → 살아요	어디에서 살아요? Where do you live?	저는 한국에서 살아요. I live in Korea.
look for	찾다 → 찾아요	뭐를 찾아요? What do you look for? (What are you looking for)	저는 가방을 찾아요. I look for a bag.
hang out	놀다 → 놀아요	어디에서 놀아요? Where do you hang out?	저는 강남에서 놀아요. I hang out in Gangnam.

하다 — Take out 하다, and add 해요

study	공부하다 → 공부해요	뭐를 공부해요? What do you study?	저는 한국어를 공부해요. I study Korean.
like	좋아하다 → 좋아해요	뭐를 좋아해요? What do you like?	저는 사진을 좋아해요. I like photos.
work out	운동하다 → 운동해요	어디에서 운동해요? Where do you work out?	헬스장에서 운동해요. I work out at the gym.

Irregulars

오다 → 와요 come	아프다 → 아파요 sick, hurt	뛰다 → 뛰어요 run	다르다 → 달라요 different	덥다 → 더워요 hot (weather)
보다 → 봐요 see, watch, look	바쁘다 → 바빠요 busy	쉬다 → 쉬어요 rest	빠르다 → 빨라요 fast	맵다 → 매워요 spicy
마시다 → 마셔요 drink	나쁘다 → 나빠요 bad	바꾸다 - 바꿔요 change	자르다 → 잘라요 cut	쉽다 → 쉬워요 easy
때리다 → 때려요 beat	크다 → 커요 big	춤추다 - 춤춰요 dance	듣다 → 들어요 listen	고맙다 - 고마워요 thank
기다리다 → 기다려요 wait	예쁘다 → 예뻐요 pretty	주다 → 줘요 give	걷다 → 걸어요 walk	춥다 → 추워요 cold (weather)

Exercises Unit 11

1. Complete the blanks using '요/어요/해요'.

1) 읽다   읽어요.   5) 마시다   9) 만나다   13) 살다
read   drink   meet   live

2) 먹다   6) 가다   10) 사다   14) 보다
eat   go   buy   watch

3) 바쁘다   7) 있다   11) 없다   15) 일어나다
be busy   have   don't have   get up

4) 춥다   8) 자다   12) 맵다   16) 공부하다
be cold   sleep   be spicy   study

2. Complete the blanks using '요/어요/해요'.

> 먹다   읽다   마시다   자다   일어나다   공부하다   보다   가다   사다   살다

1) 선생님은 피자를 먹어요.   6) 저는 책을

2) 제 친구는 한국어를   7) 저는 서울에서

3) 우리는 물을   8) 저는 프랑스에

4) 아빠는 10시에   9) 누나는 가방을

5) 엄마는 8시에   10) 저는 영화를

3. Unscramble the sentences. * 에서: in, 에: to

1) 학교에서/공부해요/한국어를/저는   저는 학교에서 한국어를 공부해요.

2) 도서관에/저/는/가요

3) 영국에서/살아요/저는

4) 에서/어디/살아요

5) 책을/읽어요/무슨

6) 여자친구/제/는/예뻐요

7) 제/남자친구/멋있어요/는

8) 아침밥을/먹어요/언제

9) 가요/에/도서관/어떻게

10) 마셔요/뭐를

Unit 12

을/를, 이/가
(Particles)

* 을/를 is used right after a noun (object). Ex) I eat breakfast을, I watch TV를.

* 을/를 is usually dropped when speaking.

받침　　　을

ramen 라면, like 좋아하다	garlic 마늘, hate 싫어하다	breakfast 아침밥, eat 먹다
저는 라면을 좋아해요.	제임스는 마늘을 싫어해요.	저희는 아침밥을 먹어요.
I like ramen.	James hates garlic.	We eat breakfast.

*하다 verbs become nouns when you drop '하다'. Ex) 공부하다 -> 공부(noun), 하다(verb)

No 받침　　　를　　　　↓

coffee 커피, drink 마시다	study 공부하다	English 영어, study 공부하다
제시카는 커피를 마셔요.	저는 공부를 해요.	저희는 영어를 공부해요.
Jessica drinks coffee.	I (do) study.	We study English.

* 이 / 가 is used right after the main subject of the sentence for emphasis.

받침　　　이　　　a noun + an adjective

bread 빵, be delicious 맛있다	phone 핸드폰, be expensive 비싸다	eye 눈, hurt/sick 아프다
빵이 맛있어요.	핸드폰이 비싸요.	눈이 아파요.
Bread is delicious.	Cellphones are expensive.	(My) eye hurts.

No 받침　　　가　　　a noun that can move + a verb

who 누구, come 오다	friend 친구, come 오다	wife 아내, cry 울다
누가 와요?	제 친구가 와요.	아내가 울어요.
Who comes? (is coming)	My friend comes. (is coming)	(My) wife cries. (is crying)

Memorise　　　* The following words usually use 이/가.

이/가 좋다, 이/가 싫다
= 을/를 좋아하다, 을/를 싫어하다

동물이 좋아요, 동물이 싫어요 = 동물을 좋아해요, 동물을 싫어해요
I like animals, I don't like animals.

이/가 필요하다, 이/가 필요없다

컴퓨터가 필요해요, 컴퓨터가 필요없어요
I need a computer, I don't need a computer.

이/가 많다, 이/가 적다

사람이 많아요, 사람이 적어요
There are many people, There are few people.

이/가 있다, 이/가 없다

고양이가 있어요, 고양이가 없어요
I have a cat, I don't have a cat.

이/가 크다, 이/가 작다

키가 커요, 키가 작아요
She is tall, She is short.

Exercises Unit 12

1. Make sentences with the given words using '을/를'.

1) (텔레비전(TV), 보다 watch) 텔레비전을 봐요.

2) (책 book, 읽다 read)

3) (운동하다 exercise)

4) (일하다 work)

5) (물 water, 마시다 drink)

2. Make questions with the given words using '을/를'.

1) (언제 when, 아침밥 breakfast, 먹다 eat)

2) (누구 who, 만나다 meet)

3) (무슨 what, 공부하다 study)

4) (뭐 what, 좋아하다 like)

5) (왜 why, 술 alcohol, 마시다 drink)

3. Make sentences with the given words using '이/가'.

1) (날씨 weather, 좋다 be good)

2) (기분 feeling, 나쁘다 be bad)

3) (키 height, 크다 be big) = tall

4) (선생님 teacher, 가르치다 teach)

5) (오빠 older brother, 운전하다 drive)

4. Make sentences with the given words using '은/는', '이/가' or '을/를'.

1) (저 I, 한국어 Korean, 공부하다 study)

2) (저 I, 노트북 laptop, 사용하다 use)

3) (저 I, 여자친구 girlfriend, 필요하다 need)

4) (강아지 puppy, 짖다 bark)

5) (피터 Peter, 운동하다 exercise, 좋아하다 like)

Unit 13

입니다 / ㅂ니다 / 습니다
to be, I do
(Formal)

Noun

	입니까?	입니다
학생 student	학생입니까? Are you a student?	네, 학생입니다. Yes, I am a student.
미국 America	미국 사람입니까? Are you American?	네, 미국 사람입니다. Yes, I am American.
영국 England	영국 사람입니까? Are you English?	네, 영국 사람입니다. Yes, I am English.

No 받침

	ㅂ니까?	ㅂ니다
가다 go	학교에 갑니까? Do you go to school?	학교에 갑니다. I go to school.
아프다 be sick, hurt	아픕니까? Are you sick?	아픕니다. I am sick.
착하다 be nice	착합니까? Is she nice?	착합니다. She is nice.

받침

	습니까?	습니다
쉽다 be easy	영어는 쉽습니까? Is English easy?	쉽습니다. It is easy.
어렵다 be difficult	중국어는 어렵습니까? Is Chinese difficult?	어렵습니다. It is difficult.
맞다 be correct	맞습니까? Is it correct?	맞습니다. It is correct.
좋다 be good	좋습니까? Is it good?	좋습니다. It is good.

Exception

For ㄹ 받침 words → take it out, then add 'ㅂ니까/ㅂ니다'

살다 live	어디에서 삽니까? Where do you live?	서울에서 삽니다. I live in Seoul.
놀다 hang out	누구랑 놉니까? Who do you hang out with?	친구랑 놉니다. I hang out with my friend.
길다 long	줄이 깁니까? Is the line long?	깁니다. It is long.

하다

	ㅂ니까?	ㅂ니다
정확하다 be precise	정확합니까? Is it precise?	정확합니다. It is precise.
분명하다 be obvious	분명합니까? Is it obvious?	분명합니다. It is obvious.
맹세하다 swear	맹세합니까? Do you swear?	맹세합니다. I swear.

Exercises Unit 13

1. Complete the blanks using '입니까', '입니다'.

1) 요리사 <u>요리사입니까?</u> 2) 경찰 _____ 3) 비서 _____ 4) 군인 _____
cook   <u>요리사입니다.</u>   police officer   secretary   soldier
      _____

5) 엔지니어 _____ 6) 회사원 _____ 7) 연예인 _____ 8) 소방관 _____
engineer   office worker   celebrity   firefighter
_____   _____   _____   _____

2. Complete the blanks using 'ㅂ니까/습니까', 'ㅂ니다/습니다'.

1) 마시다 <u>마십니까?</u> 2) 가다 _____ 3) 자다 _____ 4) 먹다 _____
drink   <u>마십니다.</u>   go   sleep   eat

5) 후회하다 _____ 6) 약속하다 _____ 7) 포기하다 _____ 8) 일하다 _____
regret   promise   give up   work
_____   _____   _____   _____

3. Complete the blanks using 'ㅂ니까/습니까', 'ㅂ니다/습니다'.

1) 예쁘다 <u>예쁩니까?</u> 2) 짜다 _____ 3) 맵다 _____ 4) 맞다 _____
be pretty   <u>예쁩니다.</u>   be salty   be spicy   be right

5) 피곤하다 _____ 6) 행복하다 _____ 7) 불행하다 _____ 8) 틀리다 _____
be tired   be happy   be unhappy   be wrong
_____   _____   _____   _____

4. Make questions with the given words.

| 1) 오다 | 2) 가다 | 3) 만나다 | 4) 하다 | 5) 만들다 | 6) 포기하다 |

언제	when	1) Q: <u>언제 옵니까?</u> _____
어디	where	2) Q: _____
누구	who	3) Q: _____
뭐 (무엇)	what	4) Q: _____
어떻게	how	5) Q: _____
왜	why	6) Q: _____

안, 못, 잘
(Not, Don't), Can't, Well

Not

이 아니에요 for 받침, 가 아니에요 for No 받침

friend 친구
우리는 친구가 아니에요.
We are not friends.

student 학생
학생이 아니에요.
He is not a student.

teacher 선생님
저는 선생님이 아니에요.
I am not a teacher.

Don't, Not   안

* 안 = 지 않다 but 안 is more commonly used.

study 공부하다
공부 안 해요. / 공부하지 않아요.
I don't study.

far 멀다
부산은 안 멀어요. / 부산은 멀지 않아요.
Busan is not far.

go 가다
학교에 안 가요. / 학교에 가지 않아요.
I don't go to school.

expensive 비싸다
안 비싸요. / 비싸지 않아요.
It's not expensive.

drink 마시다
주스를 안 마셔요. / 주스를 마시지 않아요.
I don't drink juice.

eat 먹다
피자를 안 먹어요. / 피자를 먹지 않아요.
I don't eat pizza.

For 하다 verbs, use 안, 못, or 잘 before 하다. ex) 운동하다 → 운동 안 해요 I don't work out.
For all adjectives, use 안 before the word. ex) 똑똑하다 → 안 똑똑해요 I am not smart.

*Exception: 좋아하다 → 안 좋아해요, 싫어하다 → 안 싫어해요

Can't   못

go 가다 → 못 가요.
I can't go.

eat 먹다 → 못 먹어요.
I can't eat.

cook 요리하다 → 요리(를) 못 해요.
I can't cook.

drink 마시다 → 못 마셔요.
I can't drink.

study 공부하다 → 공부(를) 못해요.
I can't study. (not good at it)

work 일하다 → 일(을) 못 해요.
I can't work.

Well = good at   잘

make 만들다 → 잘 만들어요.
I make it well.

exercise 운동하다 → 운동(을) 잘해요.
I excercise well.

speak 말하다 → 말(을) 잘해요.
I speak well.

sleep 자다 → 잘 자요.
Sleep well.

swim 수영하다 → 수영(을) 잘해요.
I swim well.

do 하다 → 잘해요
I do it well.

Don't have, Don't know   이/가 없다, 모르다

have 있다 → 여자친구가 있어요?
Do you have a girlfriend?

have 있다 → 돈이 있어요?
Do you have money?

know 알다 → 알아요?
Do you know?

아니요. 여자친구가 없어요.
No, I don't have a girlfriend.

아니요, 돈이 없어요.
No, I don't have money.

몰라요.
I don't know.

Exercises

1. Fill in the blanks using '안' in present tense polite (I do).

1) 먹다   안 먹어요   2) 가다 _____   3) 하다 _____   4) 일하다 _____   5) 운동하다 _____
   eat   go   do   work   exercise

6) 멀다 _____   7) 친절하다 _____   8) 중요하다 _____   9) 이상하다 _____   10) 좋아하다 _____
   be far   be kind   be important   be strange   like

2. Fill in the blanks using '못' in present tense polite (I do).

1) 먹다 _____   2) 가다 _____   3) 하다 _____   4) 마시다 _____   5) 운동하다 _____
   eat   go   do   drink   exercise

3. Fill in the blanks using '잘' in present tense polite (I do).

1) 먹다 _____   2) 가다 _____   3) 하다 _____   4) 마시다 _____   5) 운동하다 _____
   eat   go   do   drink   exercise

4. Fill the sentences using '이/가 아니에요', '안', '못', '없어요'.

1) 미국 사람이에요?   4) 선생님이에요?

   아니요, 저는 미국 사람 _____   아니요, 저는 선생님 _____ . 학생이에요.

2) 부산은 멀어요?   5) 요리를 잘해요?

   아니요. _____   아니요. 저는 _____

3) 이 영화를 봤어요?   6) 여자친구가 있어요?

   아니요. _____   아니요. 저는 _____

5. Unscramble the following sentences.

1) 갔어요/부산에/안/동생/제/은   제 동생은 부산에 안 갔어요.

2) 도서관에/저는/가요/안   _____

3) 아니에요/중국 사람/이/저는   _____

4) 학생/는/이/아니에요/저   _____

5) 는/저/수영을/해요/못   _____

6) 잘/해요/저는/한국말을   _____

7) 해요/못/영어를/저는   _____

8) 여자친구/안/피자를/먹어요/제/는   _____

9) 해요/요리를/는/아빠/저희/잘   _____

10) 안/피곤해요/저는   _____

Unit 15

랑/이랑, 하고, 그리고
And, With

No 받침 랑

피자**랑** 스파게티**랑** 물을 **주세요**.
Please give me pizza, spaghetti, water.

도너츠**랑** 커피**랑** 티슈를 **주세요**.
Please give me donuts, coffee, a tissue.

받침 이랑

가방**이랑** 핸드폰**이랑** 컴퓨터를 **주세요**.
Please give me a bag, a phone, a computer.

공책**이랑** 펜**이랑** 지우개를 **주세요**.
Please give me a notebook, a pen, an eraser.

받침, No받침 하고

피자**하고** 스파게티**하고** 물을 **주세요**.
Please give me pizza, spaghetti, water.

숟가락**하고** 포크**하고** 젓가락을 **주세요**.
Please give me a spoon, a fork, chopsticks.

---

with 랑/이랑, and 하고 are also used as 'with'.

저는 제 친구**랑** 한국어를 공부해요.
저는 제 친구**하고** 한국어를 공부해요.
I study Korean with my friend.

내일 저**랑** 밥을 먹어요!
내일 저**하고** 밥을 먹어요!
Let's have a meal with me tomorrow!

And 그리고

저는 한국에서 살아요. **그리고** 제 친구는 영국에서 살아요.
I live in Korea. And my friend lives in England.

저는 1시에 자요. **그리고** 제 동생은 2시에 자요.
I sleep at 1. And my younger sibling sleeps at 2 o'clock.

,and 고 is used to connect phrases.

착하**다** → 착하**고**
be nice → she is nice, and

키가 작**다** → 키가 작**고**
be short → he is short, and

제 여자친구는 착하**고** 똑똑해요.
My girlfriend is nice, and smart.

제 남자친구는 키가 작**고** 뚱뚱해요.
My boyfriend is short, and fat.

Exercises

1. List what you eat using '랑', '이랑' and '먹어요'.

1) 저는 김치랑 햄버거를 먹어요.

2) _____

3) _____

4) _____

5) _____

6) _____

> 김치(kimchi), 햄버거(hamburger)
>
> 고기(meat), 야채(vegetable), 밥(rice)
>
> 피자(pizza), 스파게티(spaghetti)
>
> 치킨(chicken), 불고기(bulgogi)
>
> 빵(bread), 계란(eggs), 우유(milk)
>
> 시리얼(cereal), 사과(apple), 포도 (grapes)

2. List what you like using '하고' and '좋아해요'.

1) 저는 축구하고 야구를 좋아해요.

2) _____

3) _____

4) _____

5) _____

3. Write what you do with someone.

1) 저는 여자친구랑 영화를 봐요.

2) _____

3) _____

4) _____

5) _____

4. Make sentences using '그리고' (Separated Sentences).

1) 저는 책을 읽어요. 그리고 엄마는 TV를 봐요.

2) _____

3) _____

5. Make sentences using '고' (Connected Sentences).

1) 라면은 싸고 맛있어요.

2) _____

3) _____

Unit 16

고 있다
Doing it (now)

No 받침 고 있다   고 있**다** + 어요 = 고 있어요

가**다** go	→	가고 있다	어디에 가고 있어요? Where are you go**ing** (to)?	저는 제 동생이랑 집에 가고 있어요. I am go**ing** home with my younger sibling.
자**다** sleep	→	자고 있다	자고 있어요? Are you sleeping?	저는 지금 자고 있어요. I am sleeping now.
보**다** watch	→	보고 있다	뭐를 보고 있어요? What are you watching?	저는 제 친구랑 영화를 보고 있어요. I am watching a movie with my friend.

받침   고 있다   고 있**다** + 어요 = 고 있어요

듣**다** listen	→	듣고 있다	뭐를 듣고 있어요? What are you listen**ing**?	저는 엄마하고 음악을 듣고 있어요. I am listen**ing** to music with my mom.
살**다** live	→	살고 있다	어디에서 살고 있어요? Where are you living (in)?	제 친구는 한국에서 부모님이랑 살고 있어요. My friend is living in Korea with his parents.
웃**다** laugh	→	웃고 있다	웃고 있어요? Are you laughing?	우리는 웃고 있어요. We are laughing.

하다   고 있다   고 있**다** + 어요 = 고 있어요

공부하**다** study	→	공부하고 있다	무슨 공부를 하고 있어요? What are you study**ing**?	저는 한국어를 공부하고 있어요. I am study**ing** Korean.
운동하**다** work out	→	운동하고 있다	어디에서 운동하고 있어요? Where are you working out?	저는 헬스장에서 운동하고 있어요. I am working out at the gym.

Exercises

1. Complete the blanks using '고 있어요'.

1) 찾다   찾고 있어요.   4) 일하다 _____   7) 기다리다 _____
look for   work   wait

2) 듣다 _____   5) 마시다 _____   8) 샤워하다 _____
listen   drink   shower

3) 씻다 _____   6) 고치다 _____   9) 쇼핑하다 _____
wash   fix   do the shopping

2. Complete the blanks using '고 있어요'.

> 마시다 공부하다 고치다 살다 읽다 씻다 보다 쇼핑하다 기다리다 듣다

1) 저는 여자친구를   기다리고 있어요.   6) 저는 책을 _____

2) 엄마는 커피를 _____   7) 저는 서울에서 _____

3) 아빠는 자전거를 _____   8) 누나는 백화점에서 _____

4) 저는 음악을 _____   9) 오빠는 영어를 _____

5) 동생은 손을 _____   10) 저는 여자친구랑 영화를 _____

3. Ask what your friends are doing now.

1)   지금 자고 있어요?

2) _____

3) _____

4) _____

5) _____

4. What are you doing now?

1)   저는 집에서 요리하고 있어요.

2) _____

3) _____

4) _____

5) _____

Noun 중이다   * 중 + 이에요 = 중이에요

*하다 verbs become nouns when you drop '하다'.

공부하다 study	→	공부 중이다	저는 공부 중이에요. I am in the middle of studying.
운동하다 work out	→	운동 중이다	저는 운동 중이에요. I am in the middle of working out.

No 받침 는 중이다

마시다 drink	→	마시는 중이다	저는 제 동생이랑 차를 마시는 중이에요. I am in the middle of drinking tea with my younger sibling.
쓰다 use, write	→	쓰는 중이다	저는 지금 쓰는 중이에요. I am in the middle of using it now.
보다 watch	→	보는 중이다	저는 제 친구랑 영화를 보는 중이에요. I am in the middle of watching a movie with my friend.

받침 는 중이다

듣다 listen	→	듣는 중이다	저는 엄마하고 음악을 듣는 중이에요. I am in the middle of listening to music with my mom.
씻다 wash	→	씻는 중이다	언니는 지금 손을 씻는 중이에요. My older sister is in the middle of washing her hands.

Exception For ㄹ 받침 words → take it out, then add '는 중이에요'

만들다 make	→	만드는 중이에요	우리는 케익을 만드는 중이에요. We are in the middle of making a cake.

하다 는 중이다

하다 do	→	하는 중이다	지금 뭐 하는 중이에요? What are you in the middle of doing now?
숙제하다 do homework	→	숙제하는 중이다	지금 숙제하는 중이에요. I'm in the middle of doing my homework now.

Exercises

1. Complete the blanks using '는 중이에요'.

1) 쓰다   쓰는 중이에요.
use

2) 하다 _____
do

3) 씻다 _____
wash

4) 일하다 _____
work

5) 충전하다 _____
charge

6) 고치다 _____
fix

7) 기다리다 _____
wait

8) 샤워하다 _____
shower

9) 요리하다 _____
cook

2. Fill in the blanks with the verbs below using '는 중이에요'.

> 하다   일하다   공부하다   가다   읽다   운동하다   보다   노래를 부르다   듣다   요리하다

1) 지금 뭐 하는 중이에요?

2) 저는 지금 회사에서 _____

3) 엄마는 집에서 _____

4) 저는 음악을 _____

5) 동생은 책을 _____

6) 언니는 도서관에서 _____

7) 저는 서울에 _____

8) 누나는 노래방에서 _____

9) 오빠는 헬스장에서 _____

10) 저는 여자친구랑 영화를 _____

3. Ask what your friends are doing now.

1)   지금 회사에서 일하는 중이에요?

2) _____

3) _____

4) _____

4. What are you doing now?

1)   지금 집에서 샤워하는 중이에요.

2) _____

3) _____

4) _____

Unit 18

ㅆ다 / 었다 / 했다
Did

Notice They work the same way as 'I do' → Unit 11

No 받침 ㅆ어요   * ㅆ다 + 어요 = ㅆ어요

sleep 자**다** → 잤**어요**
저는 12시**에** 잤어요.
I went to bed at 12:00.

buy 사**다** → 샀**어요**
저는 가방을 샀어요.
I bought a bag.

be expensive 비싸**다** → 비쌌**어요**
이 신발은 비쌌어요.
These shoes were expensive.

받침 었어요   * 었다 + 어요 = 었어요

be delicious 맛있**다** → 맛있**었어요**
그 피자는 맛있었어요.
The pizza was delicious.

be fun 재미있**다** → 재미있**었어요**
그 게임은 재미있었어요.
The game was fun.

cry 울**다** → 울**었어요**
저는 어제 울었어요.
I cried yesterday.

If the last vowel ends with ㅏ or ㅗ, add 았어요.

live 살**다** → 살**았어요**
선생님은 호주**에서** 살았어요.
The teacher lived in Australia.

receive 받**다** → 받**았어요**
리사는 선물을 받았어요.
Lisa received a present.

hang out 놀**다** → 놀**았어요**
케빈은 서울**에서** 놀았어요.
Kevin hung out in Seoul.

하다 했어요   * 했다 + 어요 = 했어요

study 공부**하다** → 공부**했어요**
타이는 한국어를 공부했어요.
Tighe studied Korean.

work 일**하다** → 일**했어요**
저는 어제 일했어요.
I worked yesterday.

order 주문**하다** → 주문**했어요**
닉은 샌드위치를 주문했어요.
Nick ordered a sandwich.

Irregulars

drink 마시**다** → 마셨**어요**
저는 물을 마셨어요.
I drank water.

watch 보**다** → 봤**어요**
딜런은 영화를 봤어요.
Dylan watched a movie.

come 오**다** → 왔**어요**
저는 영국**에서** 왔어요.
I came from England.

Nouns

No 받침 였어요

alone 혼자 → 저는 혼자**였어요**.
I was alone.

cleaner 청소부 → 저는 청소부**였어요**.
I was a cleaner.

받침 이었어요

teacher 선생님 → 저희 엄마는 선생님**이었어요**.
My mom was a teacher.

soldier 군인 → 저는 군인**이었어요**.
I was a soldier.

Exercises

1. Complete the blanks using past tense ㅆ어요, 었어요, 했어요.

1) 입다   <u>입었어요.</u>   4) 읽다 _____   7) 맛있다 _____   10) 공부하다 _____
   wear   read   be delicious   study

2) 덥다 _____   5) 보다 _____   8) 끝나다 _____   11) 샤워하다 _____
   hot (weather)   watch   be finished   take a shower

3) 오다 _____   6) 먹다 _____   9) 마시다 _____   12) 일어나다 _____
   come   eat   drink   wake up

2. Complete the sentences using past tense ㅆ어요, 었어요, 했어요.

> 오다   덥다   보다   읽다   맛있다   끝나다   마시다   공부하다

1) 저는 미국에서 <u>왔어요.</u> _____

2) 날씨가 너무 _____

3) 영화가 일찍 _____

4) 책을 _____

5) 집에서 TV를 _____

6) 비빔밥이 _____

7) 오렌지 주스를 _____

8) 저는 호주에서 일본어를 _____

3. Complete the sentences using the given words.

안녕하세요. 저는 리아예요.

1) 저는 오늘 아침 7시에 <u>일어났어요</u> . 그리고 커피를 _____ .

2) 저는 9시에 학교에 가요. 그래서 8시에 _____ . 그리고 옷을 _____ .

3) 저는 8시 30분에 아침밥을 _____ . 진짜 _____ .

4) 그리고 나서 학교에 _____ . 학교에서 한국어를 _____ .

> 일어나다, 마시다
> 샤워하다, 입다
> 먹다, 맛있다
> 가다, 공부하다

4. Write what you did yesterday.

1)   <u>저는 어제 학교에 갔어요.</u> _____

2) _____

3) _____

그리고 / 고
And

그리고   그리고

be cheap	싸다	비빔밥은 싸요. 그리고 맛있어요.	Bibimbap is cheap. And it's good.
be kind	착하다	제 친구는 착해요. 그리고 예뻐요.	My friend is nice. And she is pretty.
be honest	정직하다	저는 정직해요. 그리고 솔직해요.	I am honest. And I'm frank.

No 받침   고

be cheap	싸다	비빔밥은 싸고 맛있어요.	Bibimbap is cheap, and good.
watch	보다	여자친구랑 영화를 보고 밥을 먹었어요.	I watched a movie, and had a meal.
take	타다	뭐를 타고 왔어요? 버스를 타고 왔어요.	* What did you take, and came?
			→ What did you take to get here?

받침   고

be cold	춥다	저는 춥고 배고파요.	I'm cold, and hungry.
be spicy	맵다	한국 음식은 맵고 짜요.	Korean food is spicy, and salty.
wear	입다	자켓을 입고 나갈거에요.	I'm going to put on a jacket, and go out.

하다   고

be nice	착하다	저는 착하고 똑똑해요.	I'm nice, and smart.
be smart	똑똑하다	제 친구는 똑똑하고 정직해요.	My frirend is smart, and honest.
be diligent	성실하다	저는 착하고 성실해요.	I'm nice, and diligent.

Nouns

고 / 이고

| No 받침 | 저는 남자고, 선생님이에요. | I'm a man, and a teacher. |
| 받침 | 제 이름은 케빈이고, 미국 사람이에요. | My name is Kevin, and I am American. |

Exercises

1. Introduce your friends or family using '고 / 이고' in present tense.

1)   우리 가족은 5명이고 수원에서 살아요.

2)   _____

3)   _____

2. Make sentences using '고' in present tense.

1) 착하다, 귀엽다   제 여자친구는 착하고 귀여워요.
   be nice, be cute

2) 쉽다, 재미있다   한국어는 _____
   be easy, be fun

3) 어렵다, 지루하다   제 일은 _____
   be difficult, be bored

4) 싸다, 맛있다.   김밥은 _____
   be cheap, be delicious

5) 똑똑하다, 정직하다   제 남자친구는 _____
   be smart, be honest

6) 덥다, 짜증나다   오늘 날씨가 _____
   be hot, be annoyed

3. Make sentences using '고' in present tense.

1) (도시, 은/는, 사람, 이/가, 많다, 복잡하다)   도시는 사람이 많고 복잡해요.

2) (시골, 은/는, 사람, 이/가, 적다, 조용하다)   _____

3) (엄마, 은/는, 집, 에서, 요리하다, 청소하다)   _____

4) (아빠, 은/는, 일하다, 저, 은/는, 공부하다)   _____

5) (저, 은/는, 도서관, 에, 가다, 누나, 은/는, 학교, 에, 가다)   _____

4. Make sentences using '그리고' in present tense.

1) (스테이크, 은/는, 비싸다, 맛없다)   스테이크는 비싸요. 그리고 맛없어요.

2) (저희, 선생님, 은/는, 재미있다, 똑똑하다)   _____

3) (공부, 은/는, 어렵다, 지루하다)   _____

4) (제, 동생, 은/는, 착하다, 귀엽다)   _____

5) (저, 은/는, 졸리다, 피곤하다)   _____

Unit 20

그래서, 서 / 어서 / 해서
So

그래서

be cheap	싸다	옷이 쌌어요. 그래서 샀어요.	The clothes were cheap. So I bought them.
be busy	바쁘다	바빠요. 그래서 생일파티에 못 가요.	I'm busy. So I can't go to the birthday party.
be fun	재미있다	영화가 재미있었어요. 그래서 또 봤어요.	The movie wan fun. So I watched it again.

---

* You can't conjugate past tense with 서 / 어서 / 해서 Ex) 마셨어서, 좋았어서, 필요했어서...

Notice
They work the same way as 'I do' → Unit 11

No 받침   서

be cheap	싸다	옷이 싸서 샀어요.	The clothes were cheap, so I bought them.
be busy	바쁘다	바빠서 콘서트에 못 가요.	I'm busy, so I can't go to the concert.
be hungry	배고프다	배고파서 김밥을 먹었어요.	I was hungry, so I had Kimbap.

받침   어서 / 아서

be fun	재미있다	영화가 재미있어서 또 봤어요	The movie was fun, so I watched it again.
be not fun	재미없다	콘서트가 재미없어서 일찍 갔어요.	The concert wasn't fun, so I left early.
be not delicious	맛없다	음식이 맛없어서 안 먹었어요	The food wasn't good, so I didn't eat it.

하다   해서

be tired	피곤하다	피곤해서 집에 일찍 갈 거예요.	I'm tired, so I'm going to go home early.
dislike	싫어하다	저는 피자를 싫어해서 안 먹어요.	I don't like pizza, so I don't eat it.
like	좋아하다	책을 좋아해서 도서관에 자주 가요.	I like books, so I go to the library often.

Nouns

라서 / 이라서

No 받침	저는 아빠라서 열심히 일해야 돼요.	I'm a dad, so I have to work hard.
받침	일요일이라서 사람들이 많아요.	It's Sunday, so there are a lot of people.

---

* 서 / 어서 / 해서 is also used as 'and' when two verbs are related.

go	가다	일찍 가서 쉬세요.	Leave early, and get some rest.
make	만들다	제가 만들어서 줄게요.	I will make it, and give it to you.
concentrate	집중하다	집중해서 들으세요.	Concentrate, and listen.
come	오다	여기에 와서 보세요.	Come here, and watch it.

Exercises

1. Complete the blanks using '서/어서/해서'.

1) 좋다   <u>좋아서</u>
be good

2) 사다 _____
buy

3) 늦다 _____
be late

4) 작다 _____
be small, little

5) 없다 _____
don't have

6) 오다 _____
come

7) 끝나다 _____
be finished

8) 아프다 _____
be sick

9) 배고프다 _____
be hungry

10) 우울하다 _____
be depressed

11) 죄송하다 _____
be sorry

12) 심심하다 _____
be bored

2. Make sentences using '그래서' in the past tense.

1) (옷, 이/가, 싸다, 사다)   옷이 쌌어요. 그래서 샀어요. _____

2) (재미없다, 그냥, 오다) _____

3) (배고프다, 힘, 이/가, 없다) _____

4) (날씨, 이/가, 좋다, 기분, 이/가, 좋다) _____

5) (비, 이/가, 오다, 우울하다) _____

6) (심심하다, 전화하다) _____

3. Make sentences using '서/어서/해서' in the past tense.

1) (목소리, 을/를, 듣다, -고 싶다, 전화하다)   목소리를 듣고 싶어서 전화했어요. _____

2) (시간, 이/가, 없다, 못, 가다) _____

3) (피곤하다, 안, 가다) _____

4) (안경, 이/가, 필요하다, 사다) _____

5) (학교, 이/가, 끝나다, 도서관, 에 / 가다) _____

6) (돈, 이/가, 없다, 못, 사다) _____

4. Make sentences using '서/어서/해서' and '세요/으세요'.

1) (일찍, 가다, 쉬다) _____

2) (사다, 쓰다) _____

3) (성공하다, 복수하다) _____

4) (요리하다, 먹다) _____

Unit 21

그런데, ㄴ/은데 / 는데
= 하지만 / 지만
But

그런데   * 그런데 gets shortened to 근데   * (그러나 = 하지만) 근데 is commonly used for speaking.

저는 드라마를 안 좋아해요. 그런데 저희 엄마는 드라마를 좋아해요.   I don't like dramas. But my mom likes dramas.

한국 음식은 매워요. 그런데 맛있어요.   Korean food is spicy. But it's good.

저는 기억해요. 그런데 제 친구는 기억 못 해요.   I remember. But my friend can't remember.

-------------------------------------- Adjectives --------------------------------------

No 받침   ㄴ데

be pretty	예쁘다	제 여자친구는 예쁜데 조금 이상해요.	My girlfriend is pretty, but a bit weird.
be expensive	비싸다	조금 비싼데 사고 싶어요.	It's a bit expensive, but I want to buy it.
be smart	똑똑하다	제 친구는 똑똑한데 운동을 못해요.	My friend is smart, but he's not good at sports.

받침   은데

| be good | 좋다 | 좋은데 너무 비싸요. | It's good, but too expensive. |
| be a lot | 많다 | 시간은 많은데 돈이 없어요. | I have a lot of time, but don't have the money. |

Exception   Use 는데 for '있다', '없다'.

| be stylish | 멋있다 | 제 남자친구는 멋있는데 조금 게을러요. | My boyfriend is stylish, but a little lazy. |
| don't have | 없다 | 돈은 없는데 시간은 많아요. | I don't have money, but have a lot of time. |

When the word ends with ㅂ, add 운데

| be hot | 덥다 | 낮에는 더운데 밤에는 추워요. | It's hot in the daytime, but cold at night. |
| be spicy | 맵다 | 한국 음식은 매운데 맛있어요. | Koren food is spicy, but delicious. |

Use 은데 when you use the 'want to' form '고 싶다'.

| 가다 + 고 싶다 | 가고 싶은데 돈이 없어요. | I want to go, but I don't have money. |
| 먹다 + 고 싶다 | 먹고 싶은데 너무 매워요. | I want to eat it, but it's too spicy. |

-------------------------------------- Verbs --------------------------------------

Use 은/는 instead of 이/가 when you use 는데.

No 받침, 받침   는데

watch	보다	영화는 보는데 드라마는 안 봐요.	I watch movies, but I don't watch dramas.
wear	입다	바지는 입는데 치마는 안 입어요.	I wear pants, but I don't wear skirts.
study	공부하다	중국어를 공부하는데 독일어도 공부하고 싶어요.	I study Chinese, but I want to study German, too.
live	*살다	저는 한국에서 사는데 부모님은 미국에서 살아요.	I live in Korea, but my parents live in the U.S.

Exercises

1. Complete the blanks using 'ㄴ/은데', '는데'.

1) 없다   없는데
don't have

2) 많다
a lot

3) 맵다
be spicy

4) 알다
know

5) 하다
do

6) 좋다
be good

7) 마시다
drink

8) 사랑하다
love

9) 편하다
be comfortable

10) 우울하다
be depressed

11) 불편하다
be uncomfortable

12) 행복하다
be happy

2. Make sentences using '그런데' in the present tense.

1) (이, 바지, 이/가, 편하다, 디자인, 이/가, 별로)   이 바지가 편해요. 그런데 디자인이 별로예요.

2) (돈, 이/가, 많다, 시간, 이/가, 없다)

3) (영어, 을/를 하다, 중국어, 을/를 못 하다)

4) (날씨, 이/가, 좋다, 우울하다)

5) (이, 사람, 을/를 알다, 저, 사람, 을/를 모르다)

6) (시간, 이/가, 많다, 돈, 이/가, 없다)

3. Make sentences using 'ㄴ데 / 는데' in the present tense.

1) (스테이크, 은/는, 비싸다, 맛없다)   스테이크는 비싼데 맛없어요.

2) (예쁘다, 왜, 남자친구, 이/가, 없다)

3) (행복하다, 왜, 안, 웃다)

4) (핸드폰, 은/는, 있다, 차, 이/가, 없다)

5) (한국 음식, 은/는, 맵다, 맛있다)

6) (술, 을/를, 마시다, 안, 좋아하다)

ㄹ 것이다 / 을 것이다
= ㄹ 거다 / 을 거다
be going to

No 받침   ㄹ 거예요

* ㄹ 거다 + 예요 = ㄹ 거예요

meet 만나**다** → 만날 **거예요**
저는 제 친구를 만날 거예요.
I am going to meet my friend.

sleep 자**다** → 잘 **거예요**
저는 1시**에** 잘 거예요.
I am going to sleep at 1 o'clock.

go out 나가**다** → 나갈 **거예요**
언제 나갈 거예요?
When are you going to go out?

받침   을 거예요

eat 먹**다** → 먹**을 거예요**
피자를 먹을 거예요?
Are you going to eat pizza?

take 찍**다** → 찍**을 거예요**
저는 사진을 찍을 거예요.
I am going to take a picture.

wear 입**다** → 입**을 거예요**
저는 자켓을 입을 거예요.
I am going to wear a jacket.

Irregulars   When the word ends with ㄹ, just add 거예요.

live 살**다** → 살 **거예요**
호주**에서** 살 거예요?
Are you going to live in Australia?

sell 팔**다** → 팔 **거예요**
저는 제 자전거를 팔 거예요.
I am going to sell my bicycle.

hang out 놀**다** → 놀 **거예요**
저는 오늘 놀 거예요.
I am going to hang out today.

하다   ㄹ 거예요

do 하**다** → 할 **거예요**
뭐를 할 거예요?
What are you going to do?

exercise 운동하**다** → 운동할 **거예요**
저는 운동할 거예요.
I am going to exercise.

work 일하**다** → 일할 **거예요**
저는 학교**에서** 일할 거예요.
I am going to work at school.

Exercises

1. Fill in the blanks using ㄹ 거예요, 을 거예요.

1) 씻다   씻을 거예요?   2) 하다 _____   3) 자다 _____   4) 살다 _____
wash   씻을 거예요.   do   sleep   live

5) 쉬다 _____   6) 주다 _____   7) 사다 _____   8) 보다 _____
rest   give   buy   watch

_____   _____   _____   _____

9) 마시다 _____   10) 오다 _____   11) 만나다 _____   12) 일하다 _____
drink   come   meet   work

2. Complete the sentences using ㄹ 거예요, 을 거예요.

입다   씻다   먹다   만나다   쉬다   주다   공부하다   가다

1) 저는 손을 씻을 거예요 _____

2) 오늘 무슨 옷을 _____

3) 피곤해요. 그래서 오늘은 집에서 _____

4) 저는 영국에서 친구를 _____

5) 배고파요. 점심시간에 샌드위치를 _____

6) 내일은 제 친구의 생일이에요. 친구한테 생일 선물을 _____

7) 이번 휴가에 어디에 _____

8) 저는 오늘부터 프랑스어를 _____

3. Use the given words to create a conversation using ㄹ 거예요, 을 거예요.

1)   오늘 뭐 할 거예요? _____

2) _____

3) _____

4) _____

5) _____

| 뭐, 하다 |
| 만나다 |
| 어디, 에서, 만나다 |
| 에서, 만나다 |
| 어디, 에서, 놀다 |

4. Write what you are going to do.

1) _____

2) _____

3) _____

ㄹ게요 / 을게요
Will

1. 'I' should be used.
2. You can't make questions with this.
3. Use ㄹ게요/을게요 when you have just made a decision.

No 받침   ㄹ게요

go 가다 → 갈게요
시간이 늦었어요. 저는 집에 갈게요.
The time is late. I will go home.

do 하다 → 할게요
제가 할게요.
I will do it.

get up 일어나다 → 일어날게요
조금 이따가 일어날게요.
I will get up a little bit later.

받침   을게요

wipe 닦다 → 닦을게요
제가 식탁을 닦을게요.
I will wipe the table.

eat 먹다 → 먹을게요
저는 나중에 먹을게요.
I will eat later.

pay back 갚다 → 갚을게요
제가 곧 돈을 갚을게요.
I will pay you back soon.

Exception   When the word ends with ㄹ, add 게요.

make 만들다 → 만들게요
제가 피자를 만들게요.
I will make pizza.

open 열다 → 열게요
제가 문을 열게요.
I will open the door.

lift up 들다 → 들게요
제가 들게요.
I will lift it up.

하다   ㄹ게요

contact 연락하다 → 연락할게요
제가 조금 이따가 연락할게요.
I will contact you a bit later.

cheer 응원하다 → 응원할게요
제가 응원할게요.
I will cheer you up.

expect 기대하다 → 기대할게요
기대할게요.
I will look forward to it.

Irregulars

listen 듣다 → 들을게요
이따가 들을게요.
I will listen later.

lie down 눕다 → 누울게요
여기에 누울게요.
I will lie down here.

help 돕다 → 도울게요
제가 도울게요.
I will help.

Exercises Unit 23

1. Complete the blanks using 'ㄹ/을게요'.

1) 하다   할게요.
   do

2) 내다 _____
   pay

3) 자다 _____
   sleep

4) 준비하다 _____
   ready

5) 출발하다 _____
   depart

6) 읽다 _____
   read

7) 먹다 _____
   eat

8) 보내다 _____
   send

9) 소개하다 _____
   introduce

10) 내리다 _____
    get off (bus, train, etc)

11) 들다 _____
    lift

12) 돕다 _____
    help

13) 전화하다 _____
    call

14) 기다리다 _____
    wait

15) 다녀오다 _____
    go and come back

16) 들어가다 _____
    go in

17) 나가다 _____
    go out

18) 보여주다 _____
    show

19) 사과하다 _____
    apologize

20) 운전하다 _____
    drive

2. Complete the sentences using the verbs below.

나가다   주문하다   보내다   보여주다   전화하다   들다

1) 무슨 음식을 주문할 거예요?   저는 스파게티를 주문할게요.

2) 오늘 재미있었어요.   네, 저도 재미있었어요. 이따가 _____

3) 가방이 너무 무거워요.   저한테 주세요. 제가 _____

4) 이 카메라는 어떻게 사용해요?   주세요. 제가 _____

5) 부모님께 편지를 보냈어요?   아니요. 아직 안 보냈어요. 지금 바로 _____

6) 언제 나올 거예요?   지금 _____

3. Complete the sentences using the given verbs.

1) 머리가 아파요. 조금 쉴게요._____

2) 어떻게 올 거예요? 차를 타고 _____

3) 얼마예요? 제가 _____

4) 오늘 제가 _____. 쉬세요.

5) 화장실에 빨리 _____. 기다려주세요.

쉬다

가다

내다

요리하다

다녀오다

55

에 / 에서
to, at, on / in, from

에

어디에 가요?
Where are you going (to)?

언제 캐나다에 가요?
When do you go to Canada?

월요일에 뭐 해요?
주말에 파티에 가요?
크리스마스에 놀 거예요.
12월 25일에 뭐(를) 할 거예요?

2020년에 한국에서 있을 거예요.
10월에 호주에 갔어요.
11월에 한국에 올 거예요?

11시에 자요.
8시에 친구를 만나요.

저는 봄에 한국에 갈 거예요.
케빈은 여름에 미국에 돌아갈 거예요.
저는 가을에 대학교에 입학해요.
저는 겨울에 스키를 타고 싶어요.

앞에	in front of
뒤에	on the back
옆에	on the side
위에	on the top

에서

저는 홍콩에서 살아요.
저는 지금 집에서 쉬고 있어요.
저는 인도에서 왔어요.

to

학교에 가요.
I go to school.

캐나다에 안 가요.
I don't go to Canada.

Time (on / in / at)

What are you doing on Monday?
Are you going to the party on the weekend?
I'm going to hang out on Christmas day.
What are you going to do on December 25th?

in

I'm going to be in Korea in 2020.
I went to Australia in October.
Are you going to come to Korea in November?

at

I go to bed at 11 PM.
I meet my friend at 8 AM.

in

I'm going to go to Korea in the spring.
Kevin is going back to America in the summer.
I enter an university in autumn.
I want to go skiing in the winter.

Position

아래에	on the bottom
가운데에	in the center
오른쪽에	on the right
왼쪽에	on the left

in, at, from

I live in Hong Kong.
I'm resting at home.
I came from India.

Exercises

1. Answer the questions.

1) 어디에서 살아요?   저는 한국에서 살아요.

2) 학교에 몇 시에 가요?

3) 어디에서 공부해요?

4) 언제 태어났어요?

5) 어디에서 일해요?

2. Fill in the blanks using '에', '에서'.

1) 선생님은 2010년에 호주에 갔어요.

2) 저는 호주 _____ 일본어를 공부했어요.

3) 저는 제 친구랑 여름 ____ 일본 ____ 갔어요.

4) 일본 _____ 친구를 만났어요.

5) 내년 _____ 중국 ____ 갈 거예요.

6) 저는 중국, 베이징 _____ 살아요.

7) 주말 ____ 집 ___ 있을 거예요.

8) 언제 한국 ___ 왔어요?

9) 저는 2012년 _____ 베트남 _____ 왔어요.

10) 어디 _____ 친구를 만나요?

11) 학교 _____ 가고 있어요.

12) 여름 ____ 말레이시아 ____ 갈 거예요.

13) 일요일 ___ 영화관 _____ 영화를 볼 거예요.

14) 어디 _____ 왔어요?

3. Unscramble the sentences.

1) 에서/공부해요/한국어를/저는/학교   저는 학교에서 한국어를 공부해요.

2) 도서관/저/에/는/가고 있어요

3) 러시아/살아요/에서/저는

4) 커피를/에서/커피숍/마셨어요

5) 2015년/한국/에/에/가요

6) 저는/랑/학교/에서/친구/공부했어요

7) 제/동생/에/이랑/저는/11월/에/호주/가요

8) 아침/매일/에/아빠는/저희/봐요/신문을

9) 저희/10시/언니는/에/일어나요

10) 봐요/에서/크리스마스/하와이/에

~부터 ~까지, ~에서 ~까지
~From ~ to, until, by

For time
~부터 ~까지

몇 시 what time	일하다 work
아침 morning	저녁 evening
점심시간 lunch time	시 o'clock
오후 afternoon	분 minute

A: 몇 시부터 몇 시까지 일해요?
From what time to what time do you work?

B: 아침 10시부터 저녁 11시까지 일해요.

A: 점심시간은 몇 시부터 몇 시까지예요?
From what time to what time is lunch?

B: 오후 12시부터 1시 30분까지예요.

For places
~에서 ~까지

얼마나 how long	걸리다 take
시간 hour	정도 around
여기 here	멀다 far
분 minute	쯤 about
공항 airport	얼마 how much

A: 서울에서 부산까지 얼마나 걸려요?
How long does it take from Seoul to Busan?

B: 3시간 정도 걸려요.

A: 여기에서 이태원까지 멀어요?
Is it far from here to Itaewon?

B: 30분 쯤 걸려요.

A: 여기에서 공항까지 얼마예요?
How much is it from here to the airport?

B: 30,000원 정도 들어요.

From
에서

어디 where	오다 come
중국 China	오다 come

A: 어디에서 왔어요?
Where did you come from?

B: 중국에서 왔어요.
I came from China.

Until, By
까지

렌트비 rental fee	내다 pay
오늘 today	내다 pay

A: 렌트비를 언제까지 내야 돼요?
By when do I have to pay the rental fee?

B: 오늘까지 내야 돼요.
You have to pay by today.

From, to (For aliving things)
한테, 께 (Formal), 에게 (For writing)

누구 who	받다 receive, get
삼촌 uncle	보내다 send
물리다 get bitten	혼나다 get scolded

A: 누구한테 받았어요?
Who did you get it from?

B: 아빠한테 받았어요.
I got it from my dad.

A: 누구한테 보냈어요?
Who did you sent it to?

B: 삼촌한테 보냈어요.
I sent it to my uncle.

모기한테 물렸어요.
I got bitten by a mosquito.

할아버지한테 혼났어요.
I got scolded by my grandfather.

Exercises

1. Complete the blanks using '에서, 부터', and '한테'.

1) 아침 _____
   morning

2) 오전 _____
   morning

3) 버스 정류장 _____
   bus stop

4) 사장님 _____
   boss

5) 점심 _____
   lunch

6) 오후 _____
   afternoon

7) 친구 _____
   friend

8) 언제 _____
   when

9) 저녁 _____
   evening

10) 밤 _____
    night

11) 지하철 역 _____
    subway station

12) 할머니 _____
    grandmother

2. Circle the word that correctly completes the sentence.

1) 오늘 (부터/정도) 운동할 거예요.

2) 지금 (부터/에서/까지/한테) 다이어트할 거예요.

3) 여기 (에서 / 부터 /한테 / 까지) 집 (에서 / 까지 / 부터) 가까워요?

4) 여기 (까지 / 에서 / 부터) 버스 정류장 (부터 / 까지 / 에서) 몇 분 (까지 / 정도 / 에서) 걸려요?

5) 월요일 (까지 / 정도 / 부터) 금요일 (부터 / 정도 / 까지) 일해요.

6) 미국, 어디 (에서 / 부터 / 정도 / 까지) 왔어요?

7) 어제 6시 (부터 / 까지) 12시 (에서 / 까지) 잤어요.

8) 지하철 역 (까지 / 부터 / 정도) 얼마나 걸려요?

9) 사장님 (까지 / 한테 / 부터 / 정도) 욕을 먹었어요.

10) 선생님 (한테 / 정도 / 부터 / 까지 / 에서) 혼났어요.

3. Complete the sentences using '부터', '에서' or '까지'.

1) 몇 시 _____ 몇 시 _____ 공부했어요?

2) 3시 _____ 11시 _____ 공부했어요.

3) 여기 _____ 강남 _____ 얼마예요?

4) 강남 _____ 10,000원이에요.

5) 인천 _____ 서울 _____ 얼마나 걸려요?

6) 서울 _____ 30분 정도 걸려요.

7) 지금 _____ 언제 _____ 잘 거예요?

8) 지금 _____ 5시 _____ 잘 거예요.

9) 어디 _____ 왔어요?

10) 싱가포르 _____ 왔어요.

4. Write how long it takes to get from where you live to Korea.

1) ___한국에서 영국까지 13시간 정도 걸려요._____

2) _____

Unit 26

고 나서, ㄴ/은 다음에, ㄴ/은 후에
And then, Next, After

Noun

1시간 후에 강남역에서 봐요.	Let's see at Gangnam station after an hour.
2년 후에 하와이에서 만나요.	Let's meet in Hawaii after 2 years.

받침 / No 받침　　고 나서

watch	보다	→	보고 나서

영화를 보고 나서 커피를 마실 거예요.
I'm going to watch a movie, and then going to drink coffee.

wash	씻다	→	씻고 나서

손을 씻고 나서 전화할게요.
I will wash my hands, and then I will call you.

do shopping	쇼핑하다	→	쇼핑하고 나서

쇼핑하고 나서 집에 갔어요.
I did the shopping, and then I went home.

No 받침　　ㄴ 다음에

수업이 끝난 다음에 뭐 할 거예요?
After the class is finished, what are you going to do?

쉰 다음에 공부할 거예요.
After I rest, I'm going to study.

운동한 다음에 샤워해야 돼요.
I have to take a shower after I exercise.

받침　　은 다음에

밥을 먹은 다음에 뭐하고 싶어요?
After you have a meal, what do you want to do?

손을 씻은 다음에 연락할게요.
After I wash my hands I will contact you.

이를 닦은 다음에 주무세요.
Go to bed after you brush your teeth.

No 받침　　ㄴ 후에

돈을 모은 후에 집을 지을 거예요.
After I save up money, I'm going to build a house.

쓴 후에 버렸어요.
After I used it, I threw it away.

목욕한 후에 우유를 마셔요.
After I have a bath, I drink milk.

받침　　은 후에

돈을 갚은 후에 차를 살 거예요.
After I pay back the money, I'm going to buy a car.

해바라기를 심은 후에 사진을 찍었어요.
After I planted a sunflower, I took a picture.

사진을 찍은 후에 인터넷에 올렸어요.
After I took a picture, I uploaded it on the Internet.

Exercises

1. Complete the story with the given words. Use '고 나서'.

1) 되다	become	20살이 되고 나서 아르바이트를 시작했어요.	아르바이트를 시작했어요.
2) 보다	watch	_____	어디에 갈까요?
3) 일하다	work	_____	집에 돌아갈 거예요?
4) 끝나다	be finished	_____	뭐 하고 싶어요?
5) 읽다	read	_____	잤어요.
6) 다녀오다	go and come back	_____	싸웠어요.

2. Complete the story with the given words. Use 'ㄴ 다음에', '은 다음에'.

1) 마시다	drink	_____	어디에 가고 싶어요?
2) 만나다	meet	_____	도서관에서 공부했어요.
3) 화장하다	put on makeup	_____	남자친구를 만날 거예요.
4) 청소하다	clean up	_____	전화할게요.
5) 샤워하다	shower	_____	우유를 마셔요.
6) 도착하다	arrive	_____	문자할게요.

3. Complete the story with the given words. Use 'ㄴ 후에', '은 후에'.

1) 숙제하다	do homework	_____	연락할게요.
2) 보다	watch, see	_____	어디에 갈까요?
3) 외우다	memorize	_____	시험을 볼 거예요.
4) 사용하다	use	_____	버릴 거예요?
5) 살을 빼다	lose weight	_____	옷을 살 거예요.
6) 준비하다	get ready	_____	전화해 주세요.

Unit 27

전에 / 기 전에, 동안 / 는 동안
Ago / Before, For / While, During

Noun　　전에

1년 전에 한국에 왔어요.	I came to Korea a year ago.
2시간 전에 도착했어요.	I arrived 2 hours ago.
세 달 전에 시작했어요.	I started 3 months ago.

받침, No 받침　　기 전에

자기 전에 이를 닦으세요.	Brush your teeth before you sleep.
먹기 전에 손을 씻으세요.	Wash your hands before you eat.
운동하기 전에 스트레칭을 해야 돼요.	You have to stretch before you exercise.

Noun　　동안

오랫동안 기다렸어요? Did you wait for long?	1시간 동안 기다렸어요. I waited for an hour.
몇 년 동안 한국어를 공부했어요? For how many years did you study Korean?	3년 동안 공부했어요. I studied for 3 years.
몇 년 동안 일했어요? For how many years have you worked?	미국에서 10년 동안 일했어요. I worked in America for 10 years.

받침, No 받침　　는 동안

저는 제 남편이 자는 동안 요리했어요.	I cooked while my husband was sleeping.
저는 호주에서 머무르는 동안 많이 배웠어요.	I learned a lot while I was staying in Australia.
청소하는 동안 들어오지 마세요.	Please don't come in while I'm cleaning up.

Exercises

1. Make sentences with the given format.

1) 일하다 + 기 전에 _____
   work

2) 끝나다 + 기 전에 _____
   be finished

3) 기다리다 + 는 동안 _____
   wait

4) 먹다 + 는 동안 _____
   eat

2. Circle the word that correctly completes the sentence.

1) 수영하 (기 전에 / 는 동안) 준비운동을 해야 돼요.

2) 영화가 시작하(기 전에 / 는 동안) 핸드폰을 꺼 주세요.

3) 자 (는 동안 / 기 전에) 샤워하세요.

4) 출발하 (기 전에 / 는 동안) 전화해 주세요.

5) 준비하 (는 동안 / 기 전에) 밖에서 기다려 주세요.

6) 기다리 (기 전에 / 는 동안) 뭐 할까요?

7) 먹 (기 전에 / 는 동안) 손을 씻으세요.

8) 한국에서 살 (기 전에 / 는 동안) 미국에서 살았어요.

9) 운동하 (기 전에 / 전에 / 동안 / 는 동안) 핸드폰을 사용하지 마세요.

10) 돌아가 (전에 / 동안 / 기 전에 / 는 동안) 같이 밥을 먹어요.

3. Make sentences with '전에' or '동안' using the given words in past tense.

1) 몇 시간 (전에, 동안) 기다리다 _____

2) 일주일 (전에, 동안) 결혼하다 _____

3) 몇 년 (전에, 동안) 사다 _____

4) 10년 (전에, 동안) 오다 _____

5) 3일 (전에, 동안) 머무르다 _____

자마자
As soon as, Right after

No 받침			자마자
see	보다	→	보자마자 첫 눈에 반했어요. I had a crush on her as soon as I saw her.
get on	타다	→	버스에 타자마자 연락해 주세요. Please contact me as soon as you get on the bus.
get off	내리다	→	지하철에서 내리자마자 오른쪽으로 가세요. Turn right as soon as you get off the subway.
be finished	끝나다	→	학교가 끝나자마자 친구네 집에 갔어요. I went to my friend's house right after school was finished.

받침			자마자
lie down	눕다	→	눕자마자 잠들었어요. I fell asleep right after I laid down.
listen	듣다	→	소식을 듣자마자 나왔어요. I came right after I heard the news.
put in	넣다	→	입에 넣자마자 뱉었어요. I spit it as soon as I put it into my mouth.

하다			자마자
arrive	도착하다	→	집에 도착하자마자 전화하세요. Please call me as soon as you arrive home.
get married	결혼하다	→	결혼하자마자 아기를 가졌어요. We had a baby as soon as we got married.
graduate	졸업하다	→	졸업하자마자 취직했어요. I got a job as soon as I graduated.

Exercises Unit 28

1. Complete the blanks using '자마자'.

1) 오다   <u>오자마자</u>
come

2) 듣다   _____
listen

3) 일어나다 _____
get up

4) 마시다   _____
drink

5) 만들다   _____
make

6) 시작하다 _____
start

7) 나가다   _____
go out

8) 출발하다 _____
depart

9) 답장하다 _____
reply

2. Create sentences with the given words using '자마자' in the past tense.

1) depart, rain   출발하다, 비가 오다   <u>출발하자마자 비가 왔어요.</u>

2) buy, be broken   사다, 고장나다 _____

3) touch, be ruined   만지다, 망가지다 _____

4) arrive, contact   도착하다, 연락하다 _____

5) recieve, reply   받다, 답장하다 _____

6) see, have a crush on   보다, 반하다 _____

7) go (outside), meet   나가다, 만나다 _____

8) find, lose   찾다, 잃어버리다 _____

9) buy, regret   사다, 후회하다 _____

3. Make sentences using '자마자'.

1) _____

2) _____

3) _____

4) _____

5) _____

6) _____

7) _____

Unit 29

고 싶다
Want to

No 받침 고 싶어요   * 고 싶다 + 어요 = 고 싶어요

buy	사다	뭐를 사고 싶어요? What do you want to buy?	저는 컴퓨터를 사고 싶어요. I want to buy a computer.
go	가다	언제 가고 싶어요? When do you want to go?	지금 가고 싶어요. I want to go now.
see, watch	보다	뭐를 보고 싶어요? What do you want to watch?	영화를 보고 싶어요. I want to watch a movie.

받침   고 싶어요

listen	듣다	무슨 노래를 듣고 싶어요? What songs do you want to listen to?	락발라드를 듣고 싶어요. I want to listen to rock ballads.
hang out	놀다	어디에서 놀고 싶어요? Where do you want to hang out?	런던에서 놀고 싶어요. I want to hang out in London.
sell	팔다	집을 팔고 싶어요? Do you want to sell your house?	네. 제 집을 팔고 싶어요. Yes, I want to sell my house.

하다   고 싶어요

do shopping	쇼핑하다	어디에서 쇼핑하고 싶어요? Where do you want to do shopping?	동대문에서 쇼핑하고 싶어요. I want to do shopping in Dongdaemoon.
swim	수영하다	어디에서 수영하고 싶어요? Where do you want to go swimming?	한강에서 수영하고 싶어요. I want to swim in the Han River.

66

Exercises

1. Complete the blanks using '고 싶어요'.

1) 보다 _____
see

4) 노래를 듣다 _____
listen to a song

7) 이기다 _____
win

2) 팔다 _____
sell

5) 사진을 찍다 _____
take a photo

8) 만들다 _____
make

3) 알다 _____
know

6) 그림을 그리다 _____
draw a picture

9) 연습하다 _____
practice

2. Ask and answer what you want to do using the given words.

1) Q: 어디에서 쇼핑하고 싶어요?   A: 명동에서 쇼핑하고 싶어요. _____

2) _____

3) _____

4) _____

5) _____

6) _____

쇼핑하다	do shopping
결혼하다	get married
먹다	eat
여행하다	travel
만나다	meet
배우다	learn

3. Write what you want to do.

1) 저는 한국에서 영어를 가르치고 싶어요. _____

2) _____

3) _____

4) _____

4. Make sentences in the past tense using 'want to'. (I wanted to..)

1) 어제 친구를 만나고 싶었어요. _____

2) _____

3) _____

4) _____

기 싫다
Don't want to

No 받침   기 싫어요   * 기 싫다 + 어요 = 기 싫어요

뛰다
run, jump

왜 걷고 있어요?
그냥 뛰기 싫어요.

Why are you walking?
I just don't want to run.

도와주다
give a hand

친구를 도와줄 거예요?
아니요. 도와주기 싫어요.

Are you going to help your friend?
No, I don't want to help him.

기다리다
wait

기다려 주세요.
기다리기 싫어요.

Please wait for me.
I don't want to wait for you.

.

받침   기 싫어요

죽다
die

죽고 싶어요?
아니요. 저는 아직 죽기 싫어요.

Do you want to die?
No, I don't want to die yet.

걷다
walk

공원에서 걷고 싶어요?
저는 피곤해요. 그래서 걷기 싫어요.

Do you want to walk in the park?
I'm tired. So, I don't want to walk.

팔다
sell

그 차를 저한테 파세요.
죄송해요. 팔기 싫어요.

Please sell the car to me.
I'm sorry. I don't want to sell it.

하다   기 싫어요

기억하다
remember

기억하기 싫어요.

I don't want to remember.

대답하다
answer

대답하기 싫어요.

I don't want to answer.

용서하다
forgive

용서하기 싫어요.

I don't want to forgive you.

Exercises

1. Complete the blanks using '기 싫어요'.

1) 보내다 _____ 4) 일하다 _____ 7) 지다 _____
   send   work   lose

2) 떠나다 _____ 5) 공부하다 _____ 8) 노래하다 _____
   leave   study   sing

3) 돌아가다 _____ 6) 목욕하다 _____ 9) 생각하다 _____
   go back   have a bath   think

2. Write the question and answer what you don't want to do using the given worlds.

1) Q: 뛰고 싶어요?   A: 아니요, 뛰기 싫어요. _____

2) _____

3) _____

4) _____

5) _____

6) _____

뛰다	run
걷다	walk
씻다	wash
일어나다	get up
싸우다	fight
알다	know

3. Write about what you don't want to do.

1) 저는 공부하기 싫어요. _____

2) _____

3) _____

4) _____

4. Make sentences in the past tense using 'don't want to'. (I didn't want to..)

1) 어제 친구를 만나기 싫었어요. _____

2) _____

3) _____

4) _____

Unit 31

주세요 / 어 주세요 / 해 주세요
Please do it for me

Notice   They work the same way as 'I do'. → Unit 11

No 받침   주세요   * 주다 (for) + 세요 (do it) = 주세요 (do it for me)

go	가다	이태원에 가 주세요.	Please go to Itaewon for me.
buy	사다	옷을 사 주세요.	Please buy clothes for me.

받침   어 주세요

open	열다	더워요. 창문을 열어 주세요.	It is hot. Please open a window for me.
read	읽다	읽어 주세요.	Please read it for me.

When word ends with ㅏ or ㅗ, add 아 주세요.

find	찾다	제 핸드폰을 찾아 주세요.	Please find my phone for me.
close	닫다	추워요. 문을 닫아 주세요.	It is cold. Please close the door for me.

하다   해 주세요

exchange	교환하다	교환해 주세요.	Please exchange it for me.
call	전화하다	나중에 다시 전화해 주세요.	Please call me again later (for me).
ask	질문하다	질문해 주세요.	Please ask for me.

Irregulars

come	오다	와 주세요.	Please come (for) me.
watch	보다	봐 주세요.	Please watch it (for) me.
teach	가르치다	가르쳐 주세요.	Please teach (for) me.
turn off	끄다	꺼 주세요.	Please turn it off (for) me.
help	돕다	도와주세요.	Please help (for) me.
stop	멈추다	멈춰주세요.	Please stop (for) me.

Exercises

1. Complete the blanks using '주세요' or '어/아/해 주세요'.

1) 하다 _해 주세요_
do

2) 사다 _____
buy

3) 싸다 _____
pack

4) 포장하다 _____
wrap

5) 요리하다 _____
cook

6) 열다 _____
open

7) 안다 _____
hug

8) 보내다 _____
send

9) 소개하다 _____
introduce

10) 확인하다 _____
check

11) 들다 _____
lift

12) 닫다 _____
close

13) 빌리다 _____
borrow

14) 가르치다 _____
teach

15) 키스하다 _____
kiss

16) 환불하다 _____
refund

17) 교환하다 _____
exchange

18) 기다리다 _____
wait

19) 전화하다 _____
call

20) 약속하다 _____
promise

2. Complete the sentences using the words below.

가르치다 닫다 교환하다 가다 사다 기다리다 열다 찾다

1) 안녕하세요, 택시 기사님. 이태원에 가 주세요. _____

2) 오빠, 저 옷을 _____

3) 날씨가 너무 추워요. 창문 좀 _____

4) 사이즈가 너무 커요. _____

5) 지금 가고 있어요. 조금만 _____

6) 요즘에 중국어를 배우고 있어요. 중국어를 _____

7) 핸드폰을 잃어버렸어요. 핸드폰을 _____

8) 날씨가 너무 더워요. 창문을 조금 _____

3. Write what you want to ask someone to do for you.

1) 펜을 빌려 주세요. _____

2) _____

3) _____

4) _____

주시겠어요? / 어 주시겠어요? / 해 주시겠어요?
Would you please do it for me?

Notice They work the same way as 'I do'. → Unit 11

No 받침   주시겠어요?   * 주다 + 시다 + 겠다 + 어요

go	가다	가 주시겠어요?	Would you please leave for me?
pack	싸다	이 음식을 싸 주시겠어요?	Would you please pack up this food for me?
send	보내다	택배로 보내 주시겠어요?	Would you please send it by delivery service for me?

받침   어 주시겠어요?

take a picture	찍다	사진을 찍어 주시겠어요?	Would you please take a photo for us?
open	열다	창문을 열어 주시겠어요?	Would you please open a window for me?

When the word ends with ㅏ or ㅗ, add 아 주시겠어요?

find	찾다	제 지갑을 찾아 주시겠어요?	Would you please find my wallet for me?
close	닫다	문을 닫아 주시겠어요?	Would you please close the door for me?

하다   해 주시겠어요?

check	확인하다	확인해 주시겠어요?	Would you please check (for me)?
speak	말씀하다	천천히 말씀해 주시겠어요?	Would you please speak slowly (for me)?
charge	충전하다	제 핸드폰을 충전해 주시겠어요?	Would you please charge my phone (for me)?

Irregulars

wait	기다리다	기다려 주시겠어요?	Would you please wait (for) me?
teach	가르치다	영어를 가르쳐 주시겠어요?	Would you please teach (for) me English?
fix	고치다	제 자전거를 고쳐 주시겠어요?	Would you please fix my bicycle (for) me?
come	오다	와 주시겠어요?	Would you please come (for) me?
see, look, watch	보다	봐 주시겠어요?	Would you please watch it (for) me?
turn off	끄다	꺼 주시겠어요?	Would you please turn it off (for) me?
help	돕다	도와주시겠어요?	Would you please help (for) me?
change	바꾸다	바꿔 주시겠어요?	Would you please change it (for) me?
cut	자르다	잘라 주시겠어요?	Would you please cut it (for) me?

Exercises

1. Complete the blanks using '주시겠어요', '어/아/해 주시겠어요'.

1) 켜다   <u>켜 주시겠어요?</u>
turn on

2) 끄다   _____
turn off

3) 확인하다   _____
check

4) 들다   _____
lift

5) 잡다   _____
hold, catch

6) 바꾸다   _____
change, switch

7) 기다리다   _____
wait

8) 빌리다   _____
borrow

9) 돕다   _____
help

10) 말씀하다   _____
speak

11) 배달하다   _____
deliver

12) 충전하다   _____
charge

2. Complete the sentences using the words below.

> 충전하다   켜다   끄다   말씀하다   바꾸다   빌리다   들다   보여주다

1) 날씨가 너무 더워요. 선풍기를 켜 주시겠어요?

2) 너무 추워요. 에어컨을 _____

3) 사이즈가 너무 커요. _____

4) 한국말을 잘 못해요. 천천히 _____

5) 100원이 없어요. 100원만 _____

6) 이 박스가 너무 무거워요. _____

7) 외국인이에요? 여권을 _____

8) 핸드폰에 밧데리가 없어요. _____

3. Write what you want to ask someone to do for you.

1)   이 음식을 싸 주시겠어요?

2) _____

3) _____

Unit 33

야 되다 / 어야 되다 / 해야 되다
= 야 하다 / 어야 하다 / 해야 하다
Have to (Should)

Notice — They work the same way as 'I do'. → Unit 11

No 받침 — 야 돼요   * 야 되다 + 어요 = 야 되어요 gets shortened to 야 돼요

go	가다	가야 돼요? 네, 시간이 늦었어요. 지금 가야 돼요. It (the time) is late. I have to go now.
take (for transportation)	타다	버스를 타야 돼요? 집이 조금 멀어요. 그래서 버스를 타야 돼요. The house is a bit far. So, I have to take a bus.
get up	일어나다	일어나야 돼요. 내일 학교에 가야 돼요. 그래서 일찍 일어나야 돼요. I have to go to school tomorrow. So, I have to get up early.

받침 — 어야 돼요

wash	씻다	매일 손을 씻어야 돼요. You have to wash your hands everyday.
have	있다	비자가 있어야 돼요. You have to have a visa.

When the word ends with ㅏ or ㅗ, add 아야 돼요

be patient	참다	참아야 돼요. You have to be patient.
hang out	놀다	토요일에 친구랑 놀아야 돼요. I have to hang out with my friend on Saturday.

하다 — 해야 돼요

shower	샤워하다	하루에 한 번 샤워해야 돼요. I have to take a shower once a day.
practice	연습하다	일주일에 한 번 연습해야 돼요. I have to practice once a week.

Must — 꼭 ~야 돼요, 꼭 ~ 어야 돼요, 꼭 ~ 해야 돼요

go	가다	제 친구의 생일파티에 꼭 가야 돼요. I must go to my friend's birthday party.
watch, see	보다	오늘 여자친구랑 영화를 꼭 봐야 돼요. I must see a movie with my girlfriend today.

Exercises

1. Complete the blanks using '야 돼요', '어/아 야 돼요', '해야 돼요'.

1) 쓰다 _____써야 돼요_____
write, use, wear (glasses)

2) 타다 _____
take, ride

3) 이기다 _____
win

4) 찾다 _____
find, look for

5) 일어나다 _____
get up

6) 성공하다 _____
succeed

7) 준비하다 _____
prepare

8) 연습하다 _____
practice

9) 도착하다 _____
arrive

2. Complete the questions and answers using the words below.

> 타다   가다   만나다   하다   쓰다   타다   공부하다   쓰다   공부하다   가다   이기다

1) 안경을 꼭 써야 돼요 _____ ?   네. 저는 눈이 안 좋아요. 그래서 안경을 _____

2) 오늘 뭐 _____ ?   남자친구를 _____

3) 왜 중국어를 _____ ?   중국에 갈 거예요. 그래서 중국어를 _____

4) 부산에 가는데 뭐를 _____ ?   KTX를 _____

5) 내일 어디에 _____ ?   내일 친구가 한국에 도착해요. 그래서 공항에 _____

6) 이번 게임은 꼭 _____ .   맞아요. 꼭 이길 거예요.

3. Complete the story using the given words.

1) 안녕하세요. 저는 오늘 홍콩에 가야 돼요 _____

2) 그래서 아침 7시에 _____ 그리고 11시까지 공항에 _____

3) 공항에 도착하면, 바로 비행기를 _____

4) 홍콩에 도착하면 밤이에요. 그래서 바로 호텔을 _____

5) 아침에 회의가 있어요. 그래서 회의를 _____

> 가다
> 일어나다, 도착하다
> 타다
> 찾다
> 준비하다

4. Write what you have to do.

1) _____오늘 은행에 가야돼요._____

2) _____

3) _____

4) _____

안~도 되다 / 안~어도 되다 / 안~해도 되다
Don't have to

Notice They work the same way as 'I do'. → Unit 11

No 받침 안 ~ 도 돼요　　* 안~도 되다 + 어요 = 안~도 되어요 gets shortened to 안~도 돼요

| go | 가다 | 안 가도 돼요?
Don't you have to go?
시간이 많아요. 지금 안 가도 돼요.
I have a lot of time. I don't have to go now. |
|---|---|---|
| take, ride | 타다 | 기차를 안 타도 돼요?
Don't you have to take a train?
집이 가까워요. 그래서 기차를 안 타도 돼요.
My house is close. So, I don't have to take a train. |
| get up | 일어나다 | 일찍 안 일어나도 돼요?
Don't you have to get up early?
오늘은 휴일이에요. 그래서 오늘은 일찍 안 일어나도 돼요.
Today is a holiday. So, I don't have to get up early. |

받침 안 ~ 어도 돼요

believe	믿다	안 믿어도 돼요.	You don't have to believe it.
hide	숨다	안 숨어도 돼요.	You don't have to hide.

When word ends with ㅏ or ㅗ, add 안 ~ 아도 돼요.

live	살다	한국에서 안 살아도 돼요.	You don't have to live in Korea.
hang out	놀다	저랑 안 놀아도 돼요.	You don't have to hang out with me.

하다 안 ~ 해도 돼요

answer	대답하다	지금 대답 안 해도 돼요.	You don't have to answer now.
work	일하다	내일 일 안 해도 돼요.	I don't have to work tomorrow.

Irregulars

drink	마시다	안 마셔도 돼요.	You don't have to drink.
watch	보다	안 봐도 돼요.	We don't have to watch.
don't know	모르다	몰라도 돼요.	She doesn't have to know.

Exercises

1. Rewrite the words in the blanks.

1) 시간   시간
time

2) 집
house

3) 병원
hospital

4) 휴일
holiday

5) 일찍
early

6) 공항
airport

7) 술
alcohol

8) 영어
English

9) 안경
glasses

10) 물
water

11) 꿈
dream

12) 시험
test

2. Fill in the blanks using '안 ~도 돼요', '안 ~어/아 도 돼요'.

1) 자다
sleep

2) 만나다
meet

3) 이기다
win

4) 찾다
find, look for

5) 일어나다
get up

6) 하다
do

7) 일하다
work

8) 돌아가다
go back

9) 기다리다
wait

3. Complete the sentences using the words below.

| 하다 | 일어나다 | 가다 | 공부하다 | 일하다 | 마시다 |

1) 꼭 그렇게 술을 마셔야 돼요?   아니요. _____. 물을 마실게요.

2) 이거 제가 해야 돼요?   아니요. 하기 싫으면 _____

3) 왜 꼭 영어를 공부해야 돼요?   영어를 _____. 다른 꿈을 찾으세요.

4) 아프면 병원에 가야 돼요.   저는 괜찮아요. 병원에 _____

5) 내일 아침에 일찍 일어나야 돼요?   아니요. 내일은 휴일이에요. 그래서 일찍 _____

6) 일요일에 꼭 일해야 돼요?   아니요. _____

4. Write what you don't have to do.

1)   공항에 안 가도 돼요.

2) _____

3) _____

4) _____

도 되다 / 어도 되다 / 해도 되다
Be allowed to, May I?, Can I?

Notice   They work the same way as 'I do'. → Unit 11

No 받침   도 돼요   * 도 되다 + 어요 = 도 되어요 gets shortened to 도 돼요

go	가다	화장실에 가도 돼요?	May I go to the bathroom?
		네, 지금 가도 돼요.	Yes, you can go now.
take, ride	타다	이 버스를 타도 돼요?	Can I take this bus?
		네, 이 버스를 타도 돼요.	Yes, you can take this bus.
get up	일어나다	늦게 일어나도 돼요?	Am I allowed to get up late?
		네, 늦게 일어나도 돼요.	Yes, you are allowed to get up late.

받침   어도 돼요

believe, trust	믿다	저를 믿어도 돼요.	You can trust me.
take a picture	사진을 찍다	사진을 찍어도 돼요?	Am I allowed to take a picture?

When the word ends with ㅏ or ㅗ, add 아도 돼요

pay back	갚다	돈을 나중에 갚아도 돼요.	You are allowed to pay back the money later.
close	닫다	문을 닫아도 돼요.	You are allowed to close the door.

하다   해도 돼요

call	전화하다	지금 전화해도 돼요?	Can I call you now?
text	문자하다	조금 이따가 문자해도 돼요?	May I text you in a little while?

Irregulars

see, watch	보다	TV를 봐도 돼요?	Am I allowed to watch TV?
sing a song	노래를 부르다	여기에서 노래를 불러도 돼요?	May I sing a song here?
dance	춤을 추다	여기에서 춤을 춰도 돼요?	Can I dance here?
wait	기다리다	여기에서 기다려도 돼요?	Can I wait here?

Exercises

1. Complete the blanks using '도 돼요/어도 돼요/해도 돼요'.

1) 열다 _____
open

4) 버리다 _____
throw away

7) 전화하다 _____
call

2) 닫다 _____
close

5) 가지고 오다 _____
(가져오다) bring(stuff)

8) 사용하다 _____
use

3) 앉다 _____
sit

6) 가지고 가다 _____
(가져가다) take (stuff)

9) 취소하다 _____
cancel

2. Complete the sentences using '도 돼요/어도 돼요/해도 돼요', and the words below.

> 가져가다   사용하다   열다   버리다   닫다   전화하다

1) 지금 조금 바빠요. 이따가 다시 _____?   네, 이따가 _____

2) 날씨가 조금 추워요. 문을 _____?   네, _____

3) 오늘 날씨가 덥네요. 창문을 _____?   네, _____

4) 그 충전기를 잠깐만 _____?   네, _____

5) 이거 쓰레기예요? _____?   네, _____

6) 이 책을 제가 _____?   네, _____

3. Ask and answer if you are allowed to do something using the given words.

1) Q: 이 물을 마셔도 돼요? A: 네 마셔도 돼요. _____

2) _____

3) _____

4) _____

5) _____

6) _____

7) _____

> 마시다
>
> 먹다
>
> 사다
>
> 취소하다
>
> 보다
>
> 가다
>
> 앉다

Unit 36

면 안 되다 / 으면 안 되다
Not allowed to, Shouldn't

No 받침		면 안 돼요	* 면 안 되다 + 어요 = 면 안 되어요 gets shortened to 면 안 돼요
rest	쉬다	조금 쉬면 안 돼요?	Am I not allowed to rest a bit?
move	움직이다	움직이면 안 돼요.	You should not move.
get up	일어나다	늦게 일어나면 안 돼요.	You are not allowed to get up late.

받침		으면 안 돼요	
be late	늦다	늦으면 안 돼요.	You should not be late.
take a photo	사진을 찍다	여기에서 사진을 찍으면 안 돼요.	You are not allowed to take a picture here.

When the word ends with ㄹ, add 면 안 돼요.

open	열다	문을 열면 안 돼요.	You should not open the door.
hang out	놀다	주말에 놀면 안 돼요.	You are not allowed to hang out on the weekends.

하다		면 안 돼요	
give up	포기하다	포기하면 안 돼요.	You should not give up.
swim	수영하다	여기에서 수영하면 안 돼요.	You are not allowed to swim here.
be late	지각하다	지각하면 안 돼요.	You are not allowed to be late.

Exercises Unit 36

1. Complete the blanks using '면 안 돼요', '으면 안 돼요'.

1) 열다   열면 안 돼요.   4) 만지다 _____   7) 움직이다 _____
open   touch   move

2) 떠들다 _____   5) 데리고 오다 _____   8) 보여주다 _____
make noise   (데려오다) bring (person)   show

3) 사진을 찍다 _____   6) 데리고 가다 _____   9) 소리를 지르다 _____
take a photo   (데려가다) take (person)   shout

2. Ask "Am I not allowed to...?" and answer using "You're allowed to...".

1) 들어가다   지금 들어가면 안 돼요?   들어와도 돼요.

2) 사다 _____ _____

3) 쓰다 _____ _____

4) 사진을 찍다 _____ _____

5) 열다 _____ _____

3. Translate the following into Korean.

1) You are not allowed to sleep here.   여기에서 자면 안 돼요. | 여기

2) Am I not allowed to sing a song in a class? _____ | 교실

3) You are not allowed to talk in the library. _____ | 도서관

4) You are not allowed to use my computer. _____ | 컴퓨터

5) You should not make noise on the subway. _____ | 지하철

4. Write what you are not allowed to.

1)   지각하면 안 돼요. _____

2) _____

3) _____

4) _____

ㄹ래요? / 을래요?
Will you?

No 받침		ㄹ래요?	
sleep	자다	언제 잘래요? When will you go to bed?	지금 잘래요.
watch	보다	무슨 영화를 볼래요? What movie will you watch?	안 볼래요.
drink	마시다	뭐 마실래요? What will you drink?	저는 물을 마실래요.

받침		을래요	
eat	먹다	뭐 먹을래요? What will you eat?	저는 김밥을 먹을래요.
read	읽다	잡지를 읽을래요? Will you read a magazine?	아니요. 저는 신문을 읽을래요.

When the word ends with ㄹ, add 래요.

sell	팔다	그 차를 저한테 팔래요? Will you sell the car to me?	아니요. 안 팔래요.
make	만들다	쿠키를 만들래요? Will you make some cookies?	아니요. 안 만들래요.

하다		ㄹ래요	
do shopping	쇼핑하다	같이 쇼핑할래요? Will you do the shopping together?	아니요.
swim	수영하다	바다에서 수영할래요? Will you swim in the ocean?	저는 수영장에서 수영할래요.
have a date	데이트하다	주말에 데이트할래요? Will you have a date this weekend?	저는 주말에 약속이 있어요.

Exercises

1. Complete the blanks using '근래요?' or '을래요?'.

1) 보다 _____볼래요?_____
watch, see, look

2) 오다 _____
come

3) 구경하다 _____
sightsee

4) 사귀다 _____
have a relationship

5) 소풍가다 _____
go to picnic

6) 쇼핑하다 _____
do the shopping

7) 가다 _____
go

8) 마시다 _____
drink

9) 게임하다 _____
play a game

2. Complete the conversation with the given words using '근래요?' or '을래요?'.

오늘 뭐 1) ___할래요?___ 2) _____?

아니요. 귀찮아요.

그럼 집에서 3) _____, 아니면 그냥 4) _____?

그냥 집에서 게임하고 싶어요.

무슨 게임을 하고싶어요?

비밀이에요.

> 하다, 쇼핑하다
>
> 귀찮다 can't be bothered
>
> 게임하다, 쉬다
>
> 그냥 just
>
> 게임하다 play a game
>
> 비밀 secret

3. Make a suggestion to your friend using '근래요?' or '을래요?'.

1) 구경하다 ___심심해요? 저랑 서울구경할래요?___   아니요.

2) 만나다 _____   죄송해요. 오늘 시간이 없어요.

3) 마시다 _____   저는 커피를 안 마셔요.

4) 사귀다 _____   왜 저를 좋아해요?

5) 소풍가다 _____   네, 날씨가 너무 좋아요!

4. Make a suggestion to your friend using '근래요?' or '을래요?'.

1) ___커피를 마실래요, 아니면 맥주를 마실래요?___

2) _____

3) _____

4) _____

5) _____

No 받침

ㄹ까요?

watch, see, look	보다	영화를 볼까요?	Shall we watch a movie?
meet	만나다	어디에서 만날까요?	Where shall we meet?
drink	마시다	뭐를 마실까요?	What shall we drink?

받침

을까요?

| eat | 먹다 | 뭐를 먹을까요? | What shall we eat? |
| take a picture | 사진을 찍다 | 같이 사진을 찍을까요? | Shall we take a picture together? |

When the word ends with ㄹ, add 까요?

| sell | 팔다 | 어디에서 팔까요? | Where shall we sell it? |
| hang out | 놀다 | 언제 놀까요? | When shall we hang out? |

하다

ㄹ까요?

do shopping	쇼핑하다	주말에 쇼핑할까요?	Shall we do shopping on the weekend?
swim	수영하다	오늘 수영할까요?	Shall we swim today?
cook	요리하다	같이 요리할까요?	Shall we cook together?

Exercises

1. Complete the blanks using 'ㄹ까요?/을까요?'.

1) 타다 _____
   ride, take, get on

2) 떠나다 _____
   leave

3) 춤을 추다 _____
   dance

4) 배우다 _____
   learn

5) 숙제하다 _____
   do homework

6) 이야기하다 _____
   talk

7) 노래하다 _____
   sing

8) 잡다 _____
   catch

9) 결혼하다 _____
   get married

2. Complete the conversation using the given words with 'ㄹ까요?/을까요?'.

| 하다 보다 가다 놀이공원 만나다 |

오늘 뭐 1)_____?

영화를 2)_____, 아니면 놀이공원에 3)_____?

놀이공원에 가고 싶어요.

네. 그럼, 놀이공원에 가요. 어디에서 4)_____?

서울역에서 만나요.

3. Make a suggestion using 'ㄹ까요?' or '을까요?'.

1) 저는 심심해요.　　심심해요? 그럼 저랑 서울구경할까요?

2) 저는 스페인어를 배우고 싶어요. _____

3) 수영하고 싶어요. _____

4) 저는 배가 고파요. _____

5) 숙제가 많이 있어요. _____

> 구경하다
> 같이, 배우다
> 수영장, 가다
> 밥, 먹다
> 같이, 숙제하다

4. Make a suggestion to your friends using 'ㄹ까요?', '을까요?'.

1) _____

2) _____

3) _____

4) _____

5) _____

는 게 어때요?
Why don't we? Why don't you?

No 받침	는 게 어때요?	는 (것이) 어때요 → *것이 gets shortened to 게
sleep 자다	피곤해요. 자는 게 어때요?	I'm tired. Why don't you sleep?
meet 만나다	어디에서 만날까요? 명동에서 만나는 게 어때요?	Where shall we meet? Why don't we meet in Myungdong?
drink 마시다	목이 말라요. 물을 마시는 게 어때요?	I'm thirsty. Why don't you drink water?

받침	는 게 어때요?	
eat 먹다	너무 배고파요. 빵을 먹는 게 어때요?	I'm so hungry. Why don't you eat some bread?
build 짓다	집이 너무 비싸요. 짓는 게 어때요?	A house is too expensive. Why don't you build one?

Irregulars	When the word ends with ㄹ, take out the 'ㄹ', and add 는 게 어때요	
make 만들다	옷이 없어요. 만드는 게 어때요?	I don't have clothes. Why don't you make some?
open 열다	날씨가 덥네요. 문을 여는 게 어때요?	The weather is hot. Why don't you open a door?

하다	는 게 어때요?	
donate 기부하다	돈을 많이 벌었어요. 기부하는 게 어때요?	I made a lot of money. Why don't you donate some?
exercise 운동하다	살이 조금 쪘어요. 운동하는 게 어때요?	I gained a little bit of weight. Why don't you exercise?

Exercises

1. Complete the blanks with '는 게 어때요'.

1) 쉬다   쉬는 게 어때요?
rest

2) 뛰다 _____
run

3) 잊다 _____
forget

4) 열다 _____
open

5) 짓다 _____
build

6) 쓰다 _____
wear (glasses, hats)

7) 배우다 _____
learn

8) 닫다 _____
close

9) 벌다 _____
make (money)

10) 켜다 _____
turn on

11) 끄다 _____
turn off

12) 부탁하다 _____
do one's favor

2. Make a suggestion using '는 게 어때요'.

1) 어디에서 만날까요?   이태원에서 만나는 게 어때요?

2) 오늘 저녁에 뭐를 먹을까요? _____

3) 주말에 어디에 갈까요? _____

4) 제 컴퓨터를 얼마에 팔까요? _____

5) 어디에서 놀까요? _____

6) 무슨 영화를 볼까요? _____

7) 무슨 옷을 살까요? _____

8) 누구한테 부탁할까요? _____

3. Make a suggestion using 'Do you want to do it?', and 'Why don't you do it?'.

1)   미국에 가고 싶어요? 그럼, 영어를 공부하는 게 어때요?

2) _____

3) _____

4) _____

5) _____

6) _____

Unit 40

(아마, 아마도) ㄹ걸요 / 을걸요
Probably, Maybe

No 받침 ㄹ걸요

be finished	끝나**다**	언제 끝나요? **아마** 11시에 끝날**걸요**?	When is it finished? It **probably** finishes at 11.
be busy	바쁘**다**	딜런은 오늘 안 와요? 오늘 바쁠**걸요**?	Will Dylan not come today? He's probably busy today.
be expensive	비싸**다**	저 옷은 얼마예요? 잘 모르겠어요. 근데 비쌀**걸요**?	How much are those clothes? I don't know. But they're probably expensive.

받침 을걸요

have	있**다**	민수는 여자친구가 있어요? **아마도** 있을**걸요**? 왜요?	Does Minsoo have a girlfriend? He **probably** does. Why?
be good	좋**다**	이 핸드폰 어때요? 조금 비싼데 좋을**걸요**?	How's this phone? It's a bit expensive, but probably good.
be fun	재미있**다**	이 영화 재미있어요? 잘 모르겠어요. 근데 재미있을**걸요**?	Is this movie good? I don't know. But it's probably fun.

When the word ends with ㄹ, just add 걸요

| be hard | 힘들**다** | 아마 힘들**걸요**. | It's probably hard. |

When the word ends with ㅂ, take it out and add 울걸요

| be heavy | 무겁**다** | 아마 무거**울걸요**. | It's probably heavy. |

하다 ㄹ걸요

| be famous | 유명하**다** | 저 여자가 유명해요?
아마 유명할**걸요**. 티비에 자주 나와요. | Is that girl famous?
She's **probably** famous. She's often on TV. |
| get married | 결혼하**다** | 제인은 언제 결혼해요?
아마도 내년에 결혼할**걸요**? | When will Jane get married?
She will probably get married next year. |

Exercises

1. Complete the blanks using '='걸요/을걸요'.

1) 자다 _____잘걸요?_____
sleep

2) 하다 _____
do

3) 쉽다 _____
be easy

4) 열다 _____
open

5) 착하다 _____
be nice (personality)

6) 어렵다 _____
be difficult

7) 돌아오다 _____
come back

8) 시원하다 _____
be cool (weather)

9) 충분하다 _____
be enough

2. Complete the story using '='걸요/을걸요'.

1) 주말에 캠핑가요? _____아마 갈걸요?_____ 가다

2) 데릭은 차가 있어요? _____ 있다

3) 크리스는 어디에서 일해요? _____ 독일, 일하다

4) 리사는 남자친구가 있어요? _____ 없다

5) 제시카는 돈이 많아요? _____ 많다

3. Complete the story using '았다/었다/했다' and '='걸요/을걸요'.

1) 수업은 끝났어요? _____아마 끝났을걸요?_____ 끝나다

2) 콘서트는 시작했어요? _____ 시작하다

3) 그 여자는 결혼했어요? _____ 결혼하다

4) 그 친구는 취직했어요? _____ 취직하다

5) 오늘 레스토랑은 열었어요? _____ 열다

4. Complete the story using '고 있다' and '='걸요/을걸요'.

1) 친구는 지금 오고 있어요? _____아마 오고 있을걸요_____ 오다

2) 엄마는 지금 뭐 하고 있어요? _____ 자다

3) 아빠는 지금 뭐 하고 있어요? _____ 일하다

4) 동생은 지금 뭐 하고 있어요? _____ 공부하다

5) 언니는 지금 뭐 하고 있어요? _____ 데이트하다

ㄹ 수 있다, 을 수 있다
Can, be able to

No 받침		ㄹ 수 있어요	* ㄹ 수 있다 + 어요 = ㄹ 수 있어요
take, ride	타다	자전거를 탈 수 있어요? 네, 탈 수 있어요.	Can you ride a bicycle?
fix	고치다	제 오토바이를 고칠 수 있어요? 아니요, 못 고쳐요.	Can you fix my motorcycle?
sing a song	노래를 부르다	노래를 부를 수 있어요? 네, 부를 수 있어요.	Can you sing a song?

받침		을 수 있어요	
eat	먹다	매운 음식을 먹을 수 있어요? 아니요, 잘 못 먹어요.	Can you eat spicy food?
read	읽다	한국어를 읽을 수 있어요? 네, 조금 읽을 수 있어요.	Can you read Korean?

When the word ends with ㄹ, add 수 있어요

make	만들다	저는 치즈를 만들 수 있어요.	I can make cheese.
hang out	놀다	오늘 놀 수 있어요.	I can hang out today.

하다		ㄹ 수 있어요	
order	주문하다	한국어로 주문할 수 있어요? 네, 할 수 있어요.	Can you order in Korean?
swim	수영하다	바다에서 수영할 수 있어요? 아니요, 못 해요.	Can you swim in the ocean?
cook	요리하다	요리할 수 있어요? 네, 할 수 있어요. 그런데 잘 못해요.	Can you cook?

Exercises

1. Complete the blanks using '르 수 있어요/을 수 있어요'.

1) 타다   __탈 수 있어요.__
   ride

2) 읽다 _____
   read

3) 하다 _____
   do

4) 만들다 _____
   make

5) 요리하다 _____
   cook

6) 일어나다 _____
   get up

7) 이해하다 _____
   understand

8) 그림을 그리다 _____
   draw a picture

9) 운전하다 _____
   drive

2. Write about yourself - Are you able to or not?

1) 프랑스어를 할 수 있어요?   네, 프랑스어를 할 수 있어요.

2) 일찍 일어날 수 있어요? _____

3) 운전할 수 있어요? _____

3. Complete the sentences using '르 수 있어요/을 수 있어요', and the given words.

> 요리하다   그리다   운전하다   하다   타다

1) 스케이트보드   스케이트보드를 탈 수 있어요?   네. 저는 스케이트보드를 탈 수 있어요.

2) 한국말 _____ _____

3) 버스 _____ _____

4) 중국 음식 _____ _____

5) 그림 _____ _____

4. Write about yourself. What are you able to do?

1)   한국 노래를 할 수 있어요.

2) _____

3) _____

4) _____

5) _____

Unit 42

ㄹ 줄 알다 / 을 줄 알다, 모르다
Do you know how to do it?

No 받침	ㄹ 줄 알아요	ㄹ 줄 몰라요
	* ㄹ 줄 알다 + 아요 = ㄹ 줄 알아요	* ㄹ 줄 모르다 + 아요 = ㄹ 줄 몰라요
치다 hit, play	피아노를 칠 줄 알아요? Do you know how to play the piano?	아니요, 칠 줄 몰라요. No, I don't know how to play.
그림을 그리다 draw a picture	그림을 그릴 줄 알아요? Do you know how to draw a picture?	그림을 그릴 줄 몰라요. I don't know how to draw a picture.
가르치다 teach	아이들을 가르칠 줄 알아요? Do you know how to teach kids?	아이들을 가르칠 줄 몰라요. I don't know how to teach kids.

받침	을 줄 알아요	을 줄 몰라요
찍다 take a picture	사진을 찍을 줄 알아요? Do you know how to take a picture?	사진을 찍을 줄 몰라요. I don't know how to take a picture.
읽다 read	일본어를 읽을 줄 알아요? Do you know how to read Japanese?	일본어를 읽을 줄 몰라요. I don't know how to read Japanese.

When the word ends with ㄹ, add 줄 알아요.

만들다 make	케익을 만들 줄 알아요? Do you know how to make cakes?	아니요, 만들 줄 몰라요. I don't know how to make them.
풀다 solve	이 문제를 풀 줄 알아요? Do you know how to solve this problem?	아니요, 풀 줄 몰라요. I don't know how to solve it.

하다	ㄹ 줄 알아요	ㄹ 줄 몰라요
하다 do	스페인어를 할 줄 알아요? Do you know how to speak Spanish?	스페인어를 할 줄 몰라요. I don't know how to speak Spanish.
사용하다 use	카메라를 사용할 줄 알아요? Do you know how to use a camera?	카메라를 사용할 줄 몰라요. I don't know how to use a camera.
운전하다 drive	자동차를 운전할 줄 알아요? Do you know how to drive a car?	자동차를 운전할 줄 몰라요. I don't know how to drive a car.

Exercises Unit 42

1. Complete the blanks using 'ㄹ 줄 알아요/을 줄 알아요'.

1) 고치다 _____
fix

4) 치다 _____
play (piano, drum, guitar)

7) 사용하다 _____
use

2) 주문하다 _____
order

5) 수영하다 _____
swim

8) 노래하다 _____
sing

3) 하다 _____
do

6) 쓰다 _____
write, use, be bitter

9) 연주하다 _____
play (instrument)

2. Write about yourself. Do you know how to do these things?

1) 한국어로 주문할 줄 알아요? _____

2) 샌드위치를 만들 줄 알아요? _____

3) 바이올린을 연주할 줄 알아요? _____

3. Complete the sentences by answering if you are able to or not.

하다	하다	치다	타다	타다

1) 스키   스키를 탈 줄 알아요?   아니요. 저는 스키를 탈 줄 몰라요.

2) 한국어 _____   _____

3) 스노우보드 _____   _____

4) 수영 _____   _____

5) 드럼 _____   _____

4. Write about yourself using 'ㄹ 줄 알아요/을 줄 알아요'. What abilities do you have?

1) _____

2) _____

3) _____

4) _____

5) _____

Unit 43

본 적이 있다 / 어 본 적이 있다
Have you ever done? (Experience 1)

Notice

* They work the same way as 'I do' → Unit 11
* 해 보다 (try) + ㄴ 적이 있다 (have done) = 해 본 적이 있다
* You can also use a word + ㄴ/은 적이 있다 like '만난 적이 있어요'.

No 받침   본 적이 있다   본 적이 없다

	본 적이 있다	본 적이 없다
가다 go	보라카이에 가 본 적이 있어요? Have you ever been to Boracay?	아니요, 거기에 가 본 적이 없어요. No, I haven't been there.
타다 take, ride	비행기를 타 본 적이 있어요? Have you ever been on a plane?	아니요, 타 본 적이 없어요. No, I haven't.
만나다 meet	대통령을 만나 본 적이 있어요? Have you ever met the president?	아니요, 만나 본 적이 없어요. No, I haven't met her.

받침   어 본 적이 있다   어 본 적이 없다

	어 본 적이 있다	어 본 적이 없다
먹다 eat	삼겹살을 먹어 본 적이 있어요? Have you ever eaten samgyupsal?	아니요. 없어요. No. I haven't.
읽다 read	해리포터를 읽어 본 적이 있어요? Have you ever read Harry Potter?	아니요, 아직 읽어 본 적이 없어요. No, I haven't read it yet.

When the word ends with ㅏ or ㅗ, 아 본 적이 있어요

살다 live	해외에서 살아 본 적이 있어요? Have you ever lived abroad?	저는 한 번도 해외에서 살아 본 적이 없어요. I haven't lived abroad. Not even once. (=I have never lived abroad.)
놀다 hang out	신촌에서 놀아 본 적이 있어요? Have you ever hung out in Sinchon?	저는 한 번도 신촌에서 놀아 본 적이 없어요. I haven't hung out in Sinchon. Not even once.

하다   해 본 적이 있다   해 본 적이 없다

	해 본 적이 있다	해 본 적이 없다
생각하다 think	동물에 대해서 생각해 본 적이 있어요? Have you ever thought about animals?	아니요. 그것에 대해서 생각해 본 적이 없어요. No, I haven't thought about it.
다이어트하다 be on a diet	다이어트해 본 적이 있어요? Have you ever been on a diet?	아니요. 한 번도 없어요. No. I haven't. Not even once.
하다 do	해 본 적이 있어요? Have you ever done it?	뭐를요? (Have I ever done) what?

Exercises

1. Ask your friend if they have done the following things using '어/해 본 적이 있어요'.

> 1)입다 2)사귀다 3)빌리다 4)하다 5)잃어버리다 6)타다 7)가다 8)수영하다 9)쫓겨나다 10)치다

1) 한복   한복을 입어 본 적이 있어요?

2) 여자친구

3) 돈

4) 아르바이트

5) 여권

6) 오토바이

7) 영국

8) 바다

9) 집

10) 피아노

2. Complete the blanks using '어/해 본 적이 없어요'.

1) 사귀다   사귀어 본 적이 없어요.
have a relationship

2) 수영하다
swim

3) 데이트하다
go on a date

4) 입다
wear

5) 빌리다
borrow

6) 잃어버리다
lose (stuff, person)

7) 쫓겨나다
be kicked out

8) 다이어트하다
be on a diet

9) 생각하다
think

3. Write about what experences you have had using '어/해 본 적이 있어요'.

1)   필리핀에 가 본 적이 있어요.

2)

3)

4)

5)

봤다 / 어 봤다 / 해 봤다
Have you ever done it? (Experience 2)

Notice	They work the same way as 'I do' → Unit 11

No 받침	봤어요?	* 봤다 + 어요 = 봤어요
가다 go	서울에 가 봤어요? Have you ever been to Seoul?	아니요. 한 번도 안 가 봤어요. No, I haven't. Not even once.
타다 ride, take	말을 타 봤어요? Have you ever ridden a horse?	네, 제주도에서 한 번 타 봤어요. Yes, I have ridden once in Jeju Island.
만나다 meet	연예인을 만나 봤어요? Have you ever met a celebrity?	아니요. 연예인을 안 만나 봤어요. No. I have not met a celebrity.

받침	어 봤어요?	
먹다 eat	갈비를 먹어 봤어요? Have you ever eaten galbi?	아니요. 오늘 처음 먹어 봤어요. No. I've just had it today for the first time.
읽다 read	이 책을 읽어 봤어요? Have you ever read this book?	네. 그 책을 몇 번 읽어 봤어요. Yes. I have read it a few times.

When the word ends with ㅏ or ㅗ, add 아 봤어요

살다 live	영국에서 살아 봤어요? Have you ever lived in England?	영국에서 한 번도 안 살아 봤어요. I haven't lived in England. Not even once.
맞다 be beaten	엄마한테 맞아 봤어요? Have you ever been beaten by your mom?	네. 많이 맞아 봤어요. Yes. I have been beaten a lot.

하다	해 봤어요?	
생각하다 think	그것에 대해서 생각해 봤어요? Have you ever thought about it?	네. 한두 번 생각해 봤어요. Yes. I have thought about it once or twice.
상상하다 imagine	상상해 봤어요? Have you ever imagined?	네. 두세 번 상상해 봤어요. Yes. I have imagined a couple of times.
하다 do	그것을 해 봤어요? Have you ever done it?	네. 서너 번 해 봤어요. Yes. I have done it several times.

Exercises

1. Ask if your friend has ever done the following things.

마시다	싸우다	가다	듣다	입다	읽다	가르치다	타다	잃어버리다	먹다

1) 비빔밥   비빔밥을 먹어 봤어요?

2) 해리포터

3) 홍콩

4) 비행기

5) 드레스

6) 친구

7) 영어

8) 노래

9) 핸드폰

10) 커피

2. Answer if you have done the following things or not.

1) 태국에 가 봤어요?   네, 태국에 가 봤어요. or 아니요, 태국에 안 가 봤어요.

2) 트럭을 운전 해 봤어요?

3) 여권을 잃어버려 봤어요?

4) 스카이다이빙을 해 봤어요?

5) 녹차를 마셔봤어요?

6) 스키를 타 봤어요?

3. Write about what experience you have had using '봤어요/어 봤어요/해 봤어요'.

1)

2)

3)

4)

5)

보다, 어 보다, 해 보다
Try

Notice   They work the same way as 'I do' → Unit 11

This can be used to soften your expression when combined with other grammar phrases.

Examples

| Do it! | I want to eat sushi. |
| → Try it. | → I want to try some sushi. |

No 받침   보다

가다 go	제주도에 가 봐요. Try to go to Jeju Island.	가다 + 보다 + 아요 = 가 봐요
타다 take	비행기를 타 보고 싶어요. I want to try flying on an air plane.	타다 + 보다 + 고 싶다 + 어요 = 타 보고 싶어요
하다 do	해 보세요. Try to do it. (Try it.)	하다 + 보다 + 세요 = 해 보세요

받침   어 보다

먹다 eat	김밥을 먹어 봐요. Try to eat Kimbap.	먹다 + 어 보다 + 아요 = 먹어 봐요
입다 wear	한복을 입어 보고 싶어요. I want to try wearing Hanbok.	입다 + 어 보다 + 고 싶다 = 입어 보고 싶어요
웃다 laugh, smile	웃어 보세요. Try to smile.	웃다 + 어 보다 + 세요 = 웃어 보세요.

When the word ends with ㅏ or ㅗ, add 아 보다

| 찾다
find | 찾아 볼게요.
I will try to find it. | 찾다 + 아 보다 + ㄹ게요 = 찾아 볼게요 |
| 살다
live | 베트남에서 살아 보고 싶어요.
I want to try to live in Vietnam. | 살다 + 아 보다 + 고 싶다 + 어요 = 살아 보고 싶어요 |

하다   해 보다

도전하다 challenge	도전해 봐요. Try to challenge yourself.	도전하다 + 보다 + 아요 = 도전해 봐요
얘기하다 talk	제가 얘기해 볼까요? Shall I try to talk to him?	얘기하다 + 보다 + ㄹ까요 = 얘기해 볼까요
하다 do	해 보고 싶어요. I want to try to do it.	하다 + 보다 + 고 싶다 + 어요 = 해 보고 싶어요

Exercises Unit 45

1. Complete the blanks using '보다/어 보다/해 보다' + present tense polite. → Unit 11

1) 하다 _____
do

2) 찾다 _____
find

3) 보내다 _____
send

4) 웃다 _____
laugh, smile

5) 만나다 _____
meet

6) 마시다 _____
drink

2. Complete the blanks using '보다/어 보다/해 보다' + 'want to'. → Unit 29

1) 먹다 _____
eat

2) 타다 _____
get on, take, ride

3) 사랑하다 _____
love

4) 하다 _____
do

5) 만들다 _____
make

6) 도전하다 _____
challenge → Unit 50

3. Complete the blanks using '보다/어 보다/해 보다' + 'do it'.

1) 가다 _____
go

2) 말하다 _____
speak, say, tell

3) 생각하다 _____
think

4) 하다 _____
do

5) 입다 _____
wear, put on

6) 노래하다 _____
sing → Unit 35

4. Complete the blanks using '보다/어 보다/해 보다' + 'am I allowed to'.

1) 하다 _____
do

2) 입다 _____
wear, put on

3) 마시다 _____
drink

4) 묻다 _____
ask

5) 만지다 _____
touch

6) 쓰다 _____
use → Unit 38

5. Complete the blanks using '보다/어 보다/해 보다' + 'shall we'.

1) 가다 _____
go

2) 먹다 _____
eat

3) 연습하다 _____
practice

4) 하다 _____
do

5) 신청하다 _____
apply

6) 시작하다 _____
start, begin → Unit 23

6. Complete the blanks using '보다/어 보다/해 보다' + 'will'.

1) 하다 _____
do

2) 고치다 _____
fix

3) 고백하다 _____
confess

4) 묻다 _____
ask

5) 찾다 _____
find, look for

6) 이해하다 _____
understand

네요
Surprised, Talk to yourself

No 받침

비싸다
expensive

어리다
young

사다
buy

네요

얼마예요?	How much is it?
10,000 원이요.	10,000 won.
오, 비싸네요!	Oh, it's expensive!

몇 살이에요?	How old are you?
20살이요.	20 years old.
진짜요? 와, 엄청 어리네요!?	Really? Wow, you are so young!?

| 어? 핸드폰 샀네요!? | Oh! You bought a phone!? |
| 제 핸드폰이 고장나서 샀어요. | My phone is broken, so I bought it. |

받침

맛있다
delicious

쉽다
easy

어렵다
difficult

네요

| 먹어 보세요. | Try it. |
| 오, 되게 맛있네요! | Oh, it's so good! |

| 이거 진짜 쉽네요!? | This is really easy, right!? |
| 네, 별로 안 어려워요. | Yes, it's not really difficult. |

| 너무 어렵네요... | It's too difficult... |
| 괜찮아요. 신경쓰지 마세요. | It's OK. Don't worry about it. |

하다

신기하다
amazing

피곤하다
tired

비슷하다
similar

네요

| 완전히 신기하네요! | It's completely amazing! |
| 네! 저도 처음 봐요! | Yes! I see it for the first time, too! |

| 오늘 너무 피곤하네요. | I'm too tired today. |
| 일찍 들어가서 쉬세요. | Leave early, and rest. |

| 비슷하네요!? | They look similar! |
| 아니요, 조금 달라요. | No. They're a little bit different. |

Noun

강아지
puppy

도마뱀
lizard

네요/이네요

| 강아지네요!? | It's a puppy!? |

| 도마뱀이네요!? | It's a lizard!? |

Exercises

1. Complete the blanks using '네요'.

1) 춥다   춥네요.
be cold

2) 덥다 _____
be hot

3) 쉽다 _____
be easy

4) 그립다 _____
miss

5) 예쁘다 _____
be pretty

6) 귀엽다 _____
be cute

7) 간단하다 _____
be simple

8) 대단하다 _____
be great, awesome (one's ability)

9) 불쌍하다 _____
be poor

2. Complete the blanks using '네요' in past sense.

1) 오다   왔네요.
come

2) 있다 _____
have, there is

3) 사다 _____
buy

4) 찾다 _____
find

5) 버리다 _____
throw away

6) 잘하다 _____
do well

7) 도망가다 _____
run away

8) 연습하다 _____
practice

9) 실수하다 _____
make a mistake

3. Complete the blanks using '네요'.

비싸다	없다	귀엽다	잘하다	대단하다	어리다

1) 노르웨이에서 햄버거가 13,000원이에요.
　엄청 _____!?

2) 저는 영어, 중국어, 일본어, 한국어를 할 수 있어요.
　_____!?

3) 이 강아지가 정말 _____!? 사고 싶어요.

4) 한국말을 _____!?
　아니에요. 잘 못 해요.

5) 저는 15살이에요.
　_____!?

6) 오늘 사람이 _____!?
　네, 너무 심심해요.

4. Write about what surprised you using '네요'.

1)   밖에 눈이 오네요!

2) _____

3) _____

4) _____

5) _____

지요(죠)

Isn't it? Right? Of course it is!

When speaking it's shorten to '죠'.

Noun

죠 - no 받침, 이죠 - 받침

friend	친구 → 친구지요	둘이 친구죠?	You both are friends, right?
20 years old	20살 → 20살이지요	올해 20살이죠?	You are 20 this year, right?
birthday	생일 → 생일이지요	오늘 생일이죠?	Today is your birthday, right?

No 받침

죠

be busy	바쁘다 → 바쁘지요	요즘 바쁘죠?	You are busy these days, aren't you?
		네, 바쁘죠.	Yes, of course I am busy.
be sick, hurt	아프다 → 아프지요	아프죠?	It hurts, doesn't it?
		네, 당연히 아프죠.	Yes, surely (of course) it does.

받침

죠

be good	좋다 → 좋지요	좋죠? 네, 좋죠!	It's good, isn't it? Yes, of course it's good!
			*As a response, it means 'of course'.
hate	싫다 → 싫지요	언니, 저 싫죠?	Older sister, you hate me, right?
be correct	맞다 → 맞지요	맞죠? 맞죠!	It's correct, isn't it? Of course it's correct!
know	알다 → 알지요	알죠? 물론이죠!	You know it, right? Sure!

하다

죠

be sure	당연하다 → 당연하지요	맛있죠? 당연하죠!	It's delicious, right? Sure (Of course), it is!
like	좋아하다 → 좋아하지요	야구 좋아하죠?	You like baseball, don't you?
be happy	행복하다 → 행복하지요	행복해요? 행복하죠!	Are you happy? Of course I'm happy!

Try to use it with other grammar phrases.

eat	먹다 → 먹다	불고기 먹고 싶죠?	You want to eat some bulgogi, right?
go	가다 → 가다	내일 명동에 갈 거죠?	You are going to Myungdong tomorrow, right?
be fun	재미있다 → 재미있다	오늘 재미있었죠?	It was fun today, right?

Exercises Unit 47

1. Complete the blanks using '죠'.

1) 춥다   <u>춥죠?</u>
    be cold

2) 덥다   _____
    be hot

3) 쉽다   _____
    be easy

4) 같다   _____
    be same

5) 어렵다   _____
    be difficult

6) 비싸다   _____
    be expensive

7) 귀엽다   _____
    be cute

8) 다르다   _____
    be different

9) 간단하다   _____
    be simple

10) 대단하다   _____
    be great

11) 복잡하다   _____
    be complicated

12) 많다   _____
    a lot

2. Complete the blanks using '죠' and draw lines to match the sentences.

1. 쉽다   _____? •

2. 시끄럽다   _____? •

3. 피곤하다   _____? •

4. 배고프다   _____? •

5. 같다   _____? •

• 1. 네, 어제 너무 늦게 잤어요.

• 2. 아니요, 조금 전에 빵을 먹었어요.

• 3. 아니요, 너무 어려워요.

• 4. 네, 귀가 아파요.

• 5. 아니요, 달라요.

3. Make sentences using the given words. Use '씨다/었다/했다' + '죠!?'

1) 가다   <u>어제 밤에 여자랑 강남역에 갔죠!?</u>
    go

2) 손을 잡다   _____
    hold hands

3) 돌아다니다   _____
    walk around

4) 만나다   _____
    meet

5) 마시다   _____
    drink

6) 사진을 찍다   _____
    take a picture

4. Make sentences using the given words. Use 'ㄹ 거다/을 거다' + '죠!?'

1) 오다   <u>다음 주에 한국에 올 거죠!?</u>
    come

2) 여행하다   _____
    travel

3) 숙제하다   _____
    do one's homework

4) 배우다   _____
    learn

5) 기억하다   _____
    remember

6) 연습하다   _____
    practice

ㄴ/은, 는, ㄴ/은, ㄹ/을
Describing Nouns

Adjectives

No 받침	ㄴ			
be busy	바쁘다	→ 바쁜	저는 바쁜 사람이에요.	I'm a busy person.
be pretty	예쁘다	→ 예쁜	예쁜 옷을 사고 싶어요.	I want to buy pretty clothes.
be big	크다	→ 큰	큰 박스가 필요해요.	I need a big box.

받침	은			
be small	작다	→ 작은	작은 사이즈 있어요?	Is there a small size?
be good	좋다	→ 좋은	좋은 카메라를 쓰고 싶어요.	I want to use a good camera.
be high	높다	→ 높은	높은 빌딩이 많이 있어요.	There are many tall buildings.

Exception	있다 → 있는, 없다 → 없는, ㅂ → 운			
be delicious	맛있다	→ 맛있는	맛있는 음식을 먹고 싶어요.	I want to eat delicious food.
be fun	재미있다	→ 재미있는	재미있는 사람을 만나고 싶어요.	I want to meet a funny person.
be dark	어둡다	→ 어두운	어두운 데에서 있기 싫어요.	I don't want to be in a dark place.
be cold	차갑다	→ 차가운	차가운 우유를 못 마셔요.	I can't drink cold milk.

Verbs
Present

받침, No 받침	는			
watch	보다	→ 보는	제가 요즘 보는 드라마예요.	It's a drama that I watch thesedays.
eat	먹다	→ 먹는	저는 잘 먹는 여자를 좋아해요.	I like a girl who eats well.
cook	요리하다	→ 요리하는	요리하는 남자를 좋아해요.	I like a man who cooks.
live	살다	→ 사는	저는 인천에서 사는 사람이에요.	I'm a person who lives in Incheon.

Past

No 받침	ㄴ			받침	은		
go	가다	간 사람	a person who went	find	찾다	찾은 사람	a person who found
buy	사다	산 남자	a man who bought	eat	먹다	먹은 남자	a man who ate
say	말하다	말한 여자	a girl who said	wear	입다	입은 여자	a girl who wore

Future / Guess

No 받침	ㄹ			받침	을		
go	가다	갈 데	a place where I will go	read	읽다	읽을 책	a book that I will read
buy	사다	살 것	a thing that I will buy	eat	먹다	먹을 음식	a food that I will eat
say	말하다	말할 여자	a girl who will say	get	받다	받을 돈	money which I will get

Exercises

1. Fill in the blanks using 'ㄴ/은'.

1) 크다 ___큰___ 개
   big · dog

2) 많다 _____ 사람
   many · people

3) 맛있다 _____ 음식
   delicious · food

4) 착하다 _____ 남자
   nice · man

5) 더럽다 _____ 집
   dirty · house

6) 친하다 _____ 친구
   close · friend

7) 이상하다 _____ 냄새
   weird · smell

8) 깨끗하다 _____ 방
   clean · room

9) 똑똑하다 _____ 선생님
   smart · teacher

2. Fill in the blanks using '는' in present tense.

1) 가다 ___가는___ 데, 곳
   go · place

2) 만나다 _____ 사람
   meet · person

3) 일하다 _____ 남자
   work · man

4) 팔다 _____ 친구
   sell · friend

5) 청소하다 _____ 누나
   clean up · older sister

6) 요리하다 _____ 엄마
   cook · mom

3. Fill in the blanks using 'ㄴ/은' in past tense.

1) 먹다 ___먹은___ 음식
   eat · food

2) 버리다 _____ 쓰레기
   throw away · trash

3) 마시다 _____ 여자
   drink · girl

4) 졸업하다 _____ 학생
   graduate · student

5) 예약하다 _____ 손님
   reserve · customer

6) 결혼하다 _____ 남자
   get married · man

4. Fill in the blanks using in present tense.

> 1)맛있다 2)친하다 3)예쁘다 4)크다 5)차갑다 6)거짓말하다 7)일하다 8)있다 9)조용하다 10)꿈이 있다

1) ___맛있는___ 음식을 먹고 싶어요.

2) 저는 _____ 친구가 3명 있어요.

3) 남자들은 _____ 여자를 좋아해요.

4) 여자들은 키가 _____ 남자를 좋아해요.

5) _____ 우유를 못 마셔요.

6) _____ 사람을 싫어해요.

7) 열심히 _____ 남자는 멋있어요.

8) 저기에 _____ 사람은 누구예요?

9) 저는 _____ 곳에서 살고 싶어요.

10) _____ 사람은 행복해요.

5. Make sentences using 'ㄴ/은/는/은/을'.

1) 저는 멋있는 사람이 되고 싶어요.

2) _____

3) _____

4) _____

5) _____

것 같다
I guess, I think

Nouns

	Present	Past	Guess
No 받침	의사인 것 같아요. I think she's a doctor.	의사였던 것 같아요. I think she was a doctor.	의사일 것 같아요. She might be a doctor.
받침	경찰인 것 같아요. I think he's a cop.	경찰이었던 것 같아요. I think he was a cop.	경찰일 것 같아요. He might be a cop.

Adjectives

	No 받침 바쁘**다** be busy	받침 좋**다** be good	하다 비슷**하다** be similar
Present	ㄴ 것 같다 바쁜 것 같아요. I think he's busy.	은 것 같다 좋은 것 같아요. I think it's good.	ㄴ 것 같다 비슷한 것 같아요. I think it's similar.
Past	ㅆ던 것 같다 바빴던 것 같아요. I think she was busy.	었/았던 것 같다 좋았던 것 같아요. I think it was good.	했던 것 같다 비슷했던 것 같아요. I think it was similar.
Future/Guess	ㄹ 것 같다 바쁠 것 같아요. I think I will be busy.	을 것 같다 좋을 것 같아요. I think it will be good.	ㄹ 것 같다 비슷할 것 같아요. I think it will be similar.

Verbs

	No 받침 오**다** come	받침 찾**다** find, look for	하다 출발**하다** depart
Present	는 것 같다 오는 것 같아요. I think she is coming.	는 것 같다 찾는 것 같아요. I think he is looking for it.	는 것 같다 버스가 출발하는 것 같아요. I think the bus is departing.
Past	ㄴ 것 같다 온 것 같아요. I think she came.	은 것 같다 찾은 것 같아요. I think he found it.	한 것 같다 버스가 출발한 것 같아요. I think the bus departed.
Future/Guess	ㄹ 것 같다 올 것 같아요. I think she will come.	을 것 같다 찾을 것 같아요. I think he will find it.	할 것 같다 버스가 출발할 것 같아요. I think the bus will depart.

Exercises Unit 49

1. Fill in the blanks using '것 같다'.

Present   1) 예쁘다   예쁜 것 같아요.   2) 비싸다 _____   3) 크다 _____
          be pretty   be expensive   be big

Future   4) 걸리다 _____   5) 늦다 _____   6) 도착하다 _____
          take (time)   be late   arrive

Past   7) 실수하다 _____   8) 싸우다 _____   9) 쳐다보다 _____
        make a mistake   fight   stare

Nouns   10) 초등학생 _____   11) 중학생 _____   12) 고등학생 _____
(present)   elementary school student   middle school student   high school student

Nouns   13) 대학생 _____   14) 20살 _____   15) 외국인 _____
(guess)   university student   20 years old   foreigner

2. Complete the conversations using '것 같다' in the correct tense.

늦다	1) 오고 있어요? 네, 가고 있는데 조금 늦을 것 같아요. _____
	2) 어느 정도 _____
	3) 1시간 정도 _____

걸리다	4) 지금 어디예요? 근처예요. 거의 다 왔어요
도착하다	5) 얼마나 _____
	6) 한 10분 후에 _____

예쁘다	7) 이 옷이 어때요? 제가 보기에는 _____
비싸다	8) 근데 조금 _____
크다	9) 그리고 사이즈도 조금 _____

싸우다	10) 저 남자랑 여자랑 _____
	왜요?
쳐다보다	11) 저 남자가 다른 여자를 _____
실수하다	12) 저 남자가 _____

세요, 으세요
Please do it (commands)

No 받침		
세요		
가다 go	가세요 시간이 늦었어요. 가세요.	It(time) is late. Please leave.
오다 come	오세요 오늘 파티를 할 거예요. 오세요.	We are going to have a party. Please come.
주다 give	주세요 제 가방이에요. 저한테 주세요.	It is my bag. Please give it to me.

받침		
으세요		
앉다 sit	앉으세요 여기에 앉으세요.	Please sit here.
웃다 laugh/smile	웃으세요 사진을 찍을게요. 웃으세요.	I will take a picture. Please smile!
갚다 pay back	갚으세요 제 돈을 갚으세요.	Please pay me back.

하다		
세요		
apologize 사과하다	저한테 사과하세요.	Please apologize to me.
exercise 운동하다	매일 운동하세요.	Please exercise everyday.
clean 청소하다	거실을 청소하세요.	Please clean up the living room.

If you add '그만', it means stop doing something.

그만하다 stop	그만 웃으세요.	Please stop laughing.
	그만 먹으세요.	Please stop eating.
	그만 하세요.	Please stop doing that.

Irregulars		

Take out '르', and add '세요' when the word ends with 'ㄹ'.

make 만들다	가능한 한 빨리 만드세요.	Please make it as quickly as possible.
open 열다	지금 당장 문을 여세요.	Please open the door right now.

When the word ends with ㅂ, ㄷ:

lay down 눕다	천천히 누우세요.	Please lay down slowly.
listen 듣다	제 말을 들으세요.	Please listen to me.

Exercises

1. Fill in the blanks using '세요/으세요'.

1) 쉬다 　<u>쉬세요.</u>
take a break

2) 타다 　_____
ride, take

3) 버리다 　_____
throw away

4) 참다 　_____
be patient

5) 쓰다 　_____
write, use

6) 살다 　_____
live

7) 질문하다 　_____
ask

8) 돌아오다 　_____
comeback

9) 팔다 　_____
sell

10) 청소하다 　_____
clean

11) 배우다 　_____
learn

12) 기다리다 　_____
wait

2. Use lines to match the sentences with the correct responses.

1) 머리가 아파요. •

2) 여기에 쓰레기가 많은데 어떻게 해요? •

3) 이거 잘 모르겠어요. •

4) 지금 강남에 가는데 무슨 버스를 타야 돼요? •

5) 저 사람이랑 싸우고 싶어요. •

• 1) 참으세요.

• 2) 선생님한테 질문하세요.

• 3) 쓰레기통에 버리세요.

• 4) 1550-1번 버스를 타세요.

• 5) 집에서 쉬세요.

3. Complete the sentences using the words below.

> 이를 닦다　　배우다　　하다　　기다리다　　청소하다　　살다　　쓰다

1) 한국이 싫으면 하와이에서 <u>사세요</u> 　.

2) 여기에 이름을 _____ .

3) 서두르지 마세요. _____ .

4) 자기 전에 _____ .

5) 지금 가고 있어요. 조금만 _____ .

6) 중국어를 배우고 싶으면 _____ .

7) 방이 너무 더러워요. _____ .

> 면/으면 if
>
> 여기 here, 이름 name
>
> 서두르다 hurry
>
> 기 전에 before
>
> 조금만 only a little bit
>
> 고 싶다 want to, 면/으면 if
>
> 방 room, 더럽다 be dirty

지 마세요
Please don't do that

No 받침	지 마세요	* 지 말다 (don't) + 세요 (please do it) = 지 마세요 (please don't do it)

가다
go

가지 마세요.
저는 심심해요. 가지 마세요.

I'm bored. Please don't go.

만지다
touch

만지지 마세요.
제 핸드폰이에요. 만지지 마세요.

It is my phone. Please don't touch it.

사다
buy

사지 마세요.
너무 비싸요. 사지 마세요.

It is too expensive. Please don't buy it.

받침	지 마세요

앉다
sit

앉지 마세요.
여기에 앉지 마세요.

Please don't sit here.

울다
cry

울지 마세요.
울지 마세요. 괜찮을 거예요.

Please don't cry. It's going to be okay.

웃다
laugh

웃지 마세요.
웃지 마세요. 재미없어요.

Please don't laugh. It's not funny.

받침	지 마세요

실망하다
be disappointed

너무 실망하지 마세요.

Please don't be too disappointed.

욕하다
curse

욕하지 마세요.

Please don't curse.

긴장하다
be nervous

긴장하지 마세요.

Please don't be nervous.

Exercises

1. Fill in the blanks using '지 마세요'.

1) 밀다 <u>밀지 마세요.</u>   4) 바꾸다 _____   7) 걱정하다 _____   10) 만지다 _____
push   switch, change   be worried   touch

2) 참다 _____   5) 떠들다 _____   8) 기대하다 _____   11) 듣다 _____
be patient   make noise   expect   listen

3) 베끼다 _____   6) 싸우다 _____   9) 그만두다 _____   12)담배를 피우다 _____
copy   fight   quit   smoke a cigarette

2. Use lines to match the sentences.

1) 힘들어요. 쉬고 싶어요.   •   • 1) 조금만 더 참으세요. 그만두지 마세요.

2) 제 컴퓨터를 바꾸고 싶어요. •   • 2) 요즘 컴퓨터가 비싸요. 바꾸지 마세요.

3) 맛이 없어요.   •   • 3) 겨우 10분 지났어요. 쉬지 마세요.

4) 일을 그만두고 싶어요.   •   • 4) 그럼 도시에서 살지 마세요.

5) 저는 도시가 싫어요.   •   • 5) 그럼 먹지 마세요.

3. Complete the sentences using the words below.

밀다   걱정하다   떠들다   기다리다   하다   담배를 피우다

1) 저는 괜찮아요. <u>걱정하지 마세요.</u>

2) 담배는 몸에 안 좋아요. _____

3) 저 오늘 많이 늦어요. _____

4) 너무 시끄러워요. _____

5) 아줌마! _____

6) 공부하기 싫어요? 그럼, _____

괜찮다 be alright

몸에 안 좋다 not good for health

오늘 today, 늦다 be late

시끄럽다 be loud

아줌마 middle aged woman

~기 싫다 ~don't want to

니까 / 으니까
Because, So

| Tip | Use with (commands (하세요, 하지 마세요), suggestions (할까요, 할래요, 하는 게 어때요), permissions (해도 돼요, 안-도 돼요), and '지요'. |

No 받침

니까

오다 come	비가 오니까 우산을 가지고 가세요. Please take an umbrella because it's raining.	네, 고맙습니다. Okay, thank you.
냄새나다 stink	냄새나니까 빨리 씻으세요. Please wash it because it's stinky.	죄송해요.. I'm sorry..
바쁘다 be busy	바쁘니까 빨리 말하세요. Please say it quickly because I'm busy.	네, 알겠어요. Okay, I got it.

받침

으니까

없다 don't have	시간이 없으니까 얼른 오세요. Come quickly because we don't have time.	네, 곧 도착해요! Yes, I am arriving soon.
재미있다 be interesting	그 드라마는 재미있으니까 꼭 보세요! Watch it because the drama is interesting.	네, 오늘 저녁에 볼게요. Yes, I will watch it tonight.
맛있다 be tasty	왜 토마토 주스를 마셔요? Why do you drink tomato juice?	맛있으니까 마시지요! I drink it because It's tasty!

Irregulars

Use 으니까 for ㅂ, 니까 for ㄹ.

| 춥다 be cold | 추우니까 따뜻한 옷을 입으세요.
 Please wear warm clothes because it's cold. | |
| 길다 be long | 줄이 기니까 그냥 가요.
 Let's just go because the line is long. | |

하다

니까

| 공부하다 study | 저 공부하니까 방해하지 마세요.
 Don't bother me because I'm studying. | 네, 조용할게요.
 Okay, I will be quiet. |
| 위험하다 be dangerous | 위험하니까 조심하세요.
 Be careful because it's dangerous. | 네, 너무 걱정하지 마세요.
 Okay, don't worry too much. |

Past Tense

| 보내다 send | 문자를 보냈으니까 확인해 주세요.
 Please check it because I sent a text message. | 네, 이미 확인했어요.
 Yes, I already checked it. |
| 먹다 eat | 밥을 먹었으니까 커피를 마실까요?
 Shall we drink coffee because we had dinner? | 네.
 Yes. |

Exercises

1. Make sentences with the given words by using '니까/으니까', and '세요/지 마세요'.

1) 냄새나다, 씻다
   smell, wash
   냄새나니까 씻으세요.

2) 춥다, 집, 에, 있다
   be cold, home, be

3) 오늘, 덥다, 자켓, 을/를, 입다
   today, be hot, jacket, wear

4) 더럽다, 만지다
   be dirty, touch

5) 피곤하다, 빨리, 끝내다
   be tired, quickly, finish

6) 괜찮다, 천천히, 오다
   be alright, slowly, come

2. Complete the sentences with the words below.

1.좋다 2.오다 3.필요하다 4.좋다 5.아프다 6.남다 7.맛없다 8.위험하다 9.뜨겁다 10.비싸다 11.무겁다 12.피곤하다

1) 날씨가 _____ 공원에 갈까요?

2) 눈이 _____ 전 여자친구가 생각나요.

3) 왜 카메라를 샀어요? _____ 샀지요.

4) 왜 시골을 좋아해요? 공기가 _____ 좋아하죠.

5) 지금 머리가 _____ 나중에 얘기해요.

6) 시간이 조금 _____ 커피 한 잔 마실까요?

7) 왜 안먹어요? _____ 안 먹지요.

8) 번지점프는 _____ 하지 마세요.

9) 물이 _____ 만지지 마세요.

10) 너무 _____ 사지 마세요.

11) 그거 _____ 제가 들게요.

12) 지금 _____ 나중에 할게요.

3. Complete the sentences with the words below in past tense.

타다   끝나다   오다   취하다   시작하다

1) 어디예요?

2) _____ 그만 마시세요.

3) 언제 끝나요?

4) 오고 있어요?

5) 포기하고 싶어요.

1) 거의 다 _____ 조금만 기다려 주세요.

2) 저 안 취했어요.

3) 거의 다 _____ 조금만 기다려 주세요.

4) 택시를 _____ 걱정하지 마세요.

5) _____ 포기하지 마세요.

시다/으시다
More Polite

Use 시다/으시다 when you need to respect somebody. You can't use this when speaking about yourself.

No 받침 — Add 시다, but use 세요 for present tense.

가다 go	→	가시다	(Present) 어디에 가세요? — Where are you going?
아프다 be sick	→	아프시다	(Past) 아프셨어요? — Were you sick?
보다 watch	→	보시다	(Future) 이 영화 보실 거예요? — Are you going to see this movie?

받침 — 으시다

받다 (get) → 받으시다

A: 제 이메일을 받으셨어요? — Did you get my email?
B: 아니요, 아직 못 받았어요. — No, I didn't get it yet.

입다 (wear) → 입으시다

A: 무슨 옷을 입으실 거예요? — What clothes are you going to wear?
B: 자켓을 입을거예요. — I'm going to wear a jacket.

읽다 (read) → 읽으시다

A: 아버지는 글을 읽으실 수 있어요? — Can your father read Korean?
B: 네, 조금 읽으실 수 있어요. — Yes, he can read a little.

Irregulars — Take out 'ㄹ', and add '시다' when the word ends with 'ㄹ'.

살다 (live) → 사시다

할머니는 미국 어디에서 사셨어요? — Where in America did your grandmother live?

팔다 (sell) → 파시다

이 책을 파실거예요? — Are you going to sell this book?

춥다 (cold) → 추우시다

추우세요? — Are you cold?

하다 — 시다

공부하다 (study) → 공부하시다

열심히 공부하셔야 돼요. — You have to study hard.

좋아하다 (like) → 좋아하시다

어떤 게임을 좋아하세요? — Which game do you like?

운동하다 (work out) → 운동하시다

여기에서 운동하시면 안돼요. — You shouldn't work out here.

Polite words

자다 → 주무시다 sleep	있다 → 계시다 be	죽다 → 돌아가시다 die, pass away	이름 → 성함 name
주다 → 드리다 give	아프다 → 편찮으시다 sick	묻다 → 여쭈다 ask	나이 → 연세 age
먹다, 마시다 → 드시다 eat, drink	데리고 오다 → 모시고 오다 bring (someone)	만나다 → 뵙다 meet	생일 → 생신 birthday
말하다 → 말씀하시다 speak, say, tell	데리고 가다 → 모시고 가다 take (someone)	집 → 댁 house	밥 → 진지 rice (meal)

Exercises

1. Fill in the blanks using '시다/으시다' with the different tenses.

Present → 1) 괜찮다   괜찮으세요?   2) 읽다 _____ 3) 알다 _____
          be alright   read   know

Future → 4) 사다 _____ 5) 드시다 _____ 6) 주무시다 _____
*ㄹ/을 거예요   buy   eat   sleep

Past → 7) 주무시다 _____ 8) 받다 _____ 9) 보다 _____
          sleep   receive   watch

ing → 10) 오다 _____ 11) 읽다 _____ 12) 하다 _____
          come   read   do

want to → 13) 가다 _____ 14) 드시다 _____ 15) 보다 _____
          go   eat   watch

have done → 16) 생각하다 _____ 17) 드시다 _____ 18) 가다 _____
             think   drink   go

have to → 19) 결혼하다 _____ 20) 일하다 _____ 21) 살다 _____
             get married   work   live

I think → 22) 똑똑하다 _____ 23) 귀엽다 _____ 24) 예쁘다 _____
          be smart   be cute   be pretty

can → 25) 요리하다 _____ 26) 설명하다 _____ 27) 운전하다 _____
          cook   explain   drive

allowed to → 28) 드시다 _____ 29) 쓰다 _____ 30) 보다 _____
          eat   use   watch, see

try to → 31) 예약하다 _____ 32) 예매하다 _____ 33) 가다 _____
          reserve   book (for tickets)   go

Notice		They work the same way as Unit 11, I do.	

No 받침		보여요	
be cheap	싸다	그 가방은 싸 보여요. 사지 마세요.	The bag looks cheap. Don't buy it.
be expensive	비싸다	그 반지는 비싸 보여요. 얼마예요?	The ring looks expensive. How much is it?

받침		어/아 보여요	
be cool	멋있다	그 자켓은 꽤 멋있어 보여요.	The jacket looks pretty cool.
be young	젊다	되게 젊어 보여요. 몇 살 이에요?	You look so young. How old are you?

하다		해 보여요	
be tired	피곤하다	피곤해 보여요. 몇 시에 잤어요?	You look tired. What time did you go to sleep?
be strange	이상하다	이 옷은 어때요? 이상해 보여요?	How about these clothes? They look strange?
be nice	착하다	진짜 착해 보여요. 여자친구예요?	She looks really nice. Is she your girlfriend?

Irregulars			
be cold	춥다	오늘 추워 보여요. 코트를 입으세요.	It looks cold today. Wear a coat please.
be hot	덥다	더워 보여요. 벌써 여름이네요.	It looks hot. It's already summer.
be young	어리다	너무 어려 보여요. 20살 맞아요?	You look too young. Are you sure you are 20?
be slow	느리다	느려 보여요. 거북이예요?	You look slow. Are you a turtle?
be tall	키가 크다	키가 커 보여요. 몇 센티미터예요?	You look tall. How many centimeters tall are you?
be different	다르다	오늘 완전히 달라 보여요.	You look completely different today.
be skinny	마르다	저 말라 보여요?	Do I look skinny?
be busy	바쁘다	요즘 바빠 보여요. 잘 지내요?	He looks busy these days. Is he doing well?
be bad	나쁘다	나빠 보여요. 하지 마세요.	It looks bad. Don't do it.
be sick, hurt	아프다	아파 보여요. 괜찮아요?	You look sick. Are you okay?

Noun		같아 보여요	* 같다: like, same
student	학생	대학생 같아 보여요.	She looks like an university student.
30s	30대	저 30대 같아 보여요?	Do I look like I'm in my 30s?

Exercises Unit 54

1. Fill in the blanks using '아/어/해 보여요'.

1) 쉽다   쉬워 보여요.   7) 어렵다 _____   13) 뚱뚱하다 _____
   be easy   be difficult   be fat

2) 크다 _____   8) 더럽다 _____   14) 깨끗하다 _____
   be big   be dirty   be clean

3) 작다 _____   9) 힘들다 _____   15) 피곤하다 _____
   be small   be hard   be tired

4) 맵다 _____   10) 맛있다 _____   16) 날씬하다 _____
   be spicy   be delicious   be thin

5) 짜다 _____   11) 어리다 _____   17) 멍청하다 _____
   be salty   be young   be stupid

6) 늙다 _____   12) 무겁다 _____   18) 중요하다 _____
   be old (person)   be heavy   be important

2. Circle the word that correctly completes each sentence and write.

1) 그거 조금 (무거워/무겁워) 보이는데 괜찮아요?   그거 조금 무거워 보이는데 괜찮아요?

2) 어젯밤에 잘 못 잤어요? (피곤하/피곤해/피곤) 보여요.   _____

3) (힘들다/힘들어/힘들해) 보여요. 도와줄까요?   _____

4) 저 (뚱뚱해/뚱뚱하/뚱뚱) 보여요?   _____

5) 그거 뭐예요? 진짜 (더러워/더럽/더럽워) 보여요.   _____

6) 저 남자는 머리가 (크/카/커) 보여요.   _____

3. Translate the following to Korean.

1) Do I look like a student?   _____

2) You look like a celebrity.   _____

3) It looks spicy.   _____

4) It looks delicious.   _____

5) He looks pretty tall.   _____

Unit 55

러/으러 (가다, 오다)
to, for

No 받침 | 러 가다, 러 오다

보다
see

벚꽃을 보러 일본에 가고 싶어요.
I want to go to Japan to see Sakura.

저랑 같이 가요.
Let's go with me (together).

사다
buy

화장품을 사러 한국에 왔어요.
I came to Korea to buy cosmetics.

진짜요?
Really?

만나다
meet

제 여자친구를 만나러 캐나다에 갔어요.
I went to Canada to meet my girlfriend.

캐나다, 어디에 갔어요?
Where in Canada did you go?

받침 | 으러 가다, 으러 오다

먹다
eat

이탈리아에 피자를 먹으러 가고 싶어요.
I want to go to Italy to eat pizza.

네?
What?

찾다
find

제 핸드폰을 찾으러 왔어요.
I came to find my phone.

여기에 없어요.
It's not here.

씻다
wash

화장실에 손을 씻으러 다녀올게요.
I will go to the bathroom to wash my hands and come back.

예. 천천히 갔다 오세요.
Yeah. Please go and come back slowly. (Take your time)

받침 | When the word ends with ㄹ, add 러

놀다
hang out

학교에 놀러 왔어요?
Did you come to school to hang out?

아니요. 죄송합니다.
No. I'm sorry.

살다
live

한국에 살러 갈 거예요.
I'm going to Korea to live.

진짜요? 한국, 어디에서 살 거예요?
Really? Where in Korea are you going to live?

팔다
sell

영국에 책을 팔러 가고 싶어요.
I want to go to England to sell books.

근데, 영국은 한국에서 멀지 않아요?
But, isn't England far from Korea?

하다 | 러 가다, 러 오다

여행하다
travel

여행하러 유럽에 가고 싶어요.
I want to go to Europe to travel.

돈이 많아요?
Do you have a lot of money?

쇼핑하다
do shopping

쇼핑하러 동대문에 가요.
I go to Dongdaemoon for shopping.

뭐를 사고 싶어요?
What do you want to buy?

일하다
work

한국에 일하러 왔어요.
I came to Korea to work.

월급날이 언제예요?
When is your payday?

Exercises

1. Complete the blanks using '러/으러 가다' in past tense. (Unit 18)

1) 보다 _____
watch

3) 놀다 _____
hang out

5) 일하다 _____
work

2) 사다 _____
buy

4) 찾다 _____
find

6) 공부하다 _____
study

2. Complete the blanks using '러/으러 오다' in past tense. (Unit 18)

1) 바꾸다 _____
change, switch

3) 만나다 _____
meet

5) 마시다 _____
drink

2) 받다 _____
receive, get

4) 주다 _____
give

6) 가르치다 _____
teach

3. Complete the blanks using '러/으러 갔다 오다' with the grammar 'will'. (Unit 23)

1) 교환하다 _____
exchange

3) 찾다 _____
find

5) 빌리다 _____
borrow

2) 받다 _____
receive, get

4) 장을 보다 _____
do grocery shopping

6) 씻다 _____
wash

4. Complete the sentences using the given words.

(일본어, 공부하다)	(책, 사다)	(영화, 보다)	(갈비, 먹다)	(핸드폰, 찾다)

뭐 하러 호주에 갔어요? 　　1)　호주에 일본어를 공부하러 갔어요. _____

뭐 하러 영화관에 가요? 　　2)　_____

뭐 하러 서점에 갔어요? 　　3)　_____

뭐 찾으러 왔어요? 　　4)　_____

뭐 먹으러 갈 거예요? 　　5)　_____

5. Write where you will go (or went) in order to do something.

1)　도서관에 공부하러 갈 거예요. _____

2)　_____

3)　_____

4)　_____

Try to

No 받침	려고요 / 려고 하다	
가다 go	강남역에 가려고요.	I try to go to Gangnam station.
내다 pay	제가 내려고 했는데, 친구가 냈어요.	I tried to pay, but my friend paid.
모으다 collect	돈을 모으려고요.	I try to collect (save) money.
받침	**으려고요 / 으려고 하다**	
먹다 eat	피자를 안 먹으려고요.	I try not to eat pizza.
잊다 forget	그 여자를 잊으려고요.	I try to forget the girl.
읽다 read	도서관에서 책을 읽으려고 했어요.	I tried to read a book at the library.
하다	**려고요 / 려고 하다**	
용서하다 forgive	용서하려고 했는데 너무 화나요.	I tried to forgive her, but I'm too upset.
숙제하다 do homeowrk	숙제하려고 했는데 안 했어요.	I was going to do my homework, but I didn't.
화장하다 put on make-up	화장하려고요.	I'm trying to put on make-up .

In order to

No 받침	려고 + Verbs	
쓰다 use	제가 쓰려고 가지고 왔어요.	I brought it in order to use it.
쉬다 rest	쉬려고 집에 일찍 왔어요.	I came home early in order to rest.
사다 buy	부모님의 선물을 사려고 돈을 모았어요.	I saved up money in order to buy my parents' gift.
받침	**으려고 + Verbs**	
찍다 take	사진을 찍으려고 카메라를 가지고 왔어요.	I brought a camera in order to take a picture.
잊다 forget	잊으려고 노력하고 있어요.	I am putting effort in order to forgit it.
읽다 read	책을 읽으려고 도서관에서 책을 빌렸어요.	I borrowed a book in order to read.
하다	**려고 + Verbs**	
공부하다 study	공부하려고 책을 샀어요.	I bought a book in order to study.
얘기하다 talk	얘기하려고 전화했어요.	I called in order to talk.
운동하다 work out	운동하려고 헬스장에 등록했어요.	I signed up for the gym in order to work out.

Exercises

1. Answer the questions with the given words using '려고요 / 으려고요'.

1) 타다 2) 주다 3) 읽다 4) 사다 5) 떠나다 6) 먹고 살다

왜 자전거를 샀어요?   1)   공원에서 타려고요.

왜 그림을 그렸어요?   2)   _____

왜 책을 주문했어요?   3)   _____

왜 돈을 모아요?   4)   _____

왜 짐을 싸요?   5)   _____

왜 일해요?   6)   _____

2. Answer the questions with the given words using '려고 (하다) / 으려고 (하다)'.

1) 건강하다   2) 취하다   3) 여행하다   4) 취직하다   5) 부탁하다   6) 먹고 살다

왜 운동해요?   1)   건강하려고 운동해요.

왜 술을 마셔요?   2)   _____

왜 돈을 벌어요?   3)   _____

왜 영어를 공부해요?   4)   _____

왜 전화했어요?   5)   _____

왜 배웠어요?   6)   _____

3. Create the conversation with the given words using 'in order to (past tense)' + but coudn't.

1) 자다   2) 숙제하다   3) 주다   4) 가다   5) 주문하다   6) 모으다

1)   일찍 자려고 했는데 못 잤어요.

2)   _____

3)   _____

4)   _____

5)   _____

6)   _____

때 / ㄹ 때 / 을 때
When

Nouns

때

대학생 university student	20살 **때** 대학생이었어요. I was an university student **when** I was 20 years old.
고등학생 high school student	고등학생 때 일본어 공부를 시작했어요. I started studying Japanese when I was a high school student.
중학생 middle school student	중학생 때 브라질에서 살았어요. I lived in Brazil when I was a middle school student.

No 받침

ㄹ 때

아프**다** be sick	→	아플 **때**	아플 **때** 먹으세요. Eat it **when** you are sick.
가**다** go	→	갈 **때**	클럽에 갈 때 같이 가요. Let's go together when you go clubbling.

받침

을 때

먹**다** eat	→	먹을 **때**	먹을 **때** 소리 내지 마세요. Don't make a sound **when** you eat.
있**다** have	→	있을 **때**	시간이 있을 때 커피 한 잔 해요. Let's have a cup of coffee when you have time.

When the word ends with ㄹ, add 때.

만들**다** make	→	만들 **때**	여권을 만들 **때** 사진이 필요해요. You need a picture **when** you make a passport.

하다

ㄹ 때

필요하**다** need	→	필요할 **때**	필요할 **때** 저를 부르세요. Call me **when** you need.
심심하**다** be bored	→	심심할 **때**	심심할 때 뭐해요? What do you do when you are bored?
운동하**다** work out	→	운동할 **때**	운동할 때 집중해야 돼요. You have to concentrate when you work out.

Exercises

1. Fill in the blanks using '= 때' or '을 때'.

1) be bored   심심하다   심심할 때 뭐를 해요?

2) be young   어리다   꿈이 뭐였어요?

3) eat   먹다   말하지 마세요.

4) live   살다   중국에서   중국어를 공부했어요.

5) cook   요리하다   행복해요.

6) work   일하다   필요해요.

7) do shopping   쇼핑하다   어디에 가요?

2. Fill in the blanks using '= 때' or '을 때' and create sentences.

1) attend   다니다   학교에 다닐 때 학교를 싫어했어요. 그런데 지금은 그리워요.

2) travel   여행하다

3) depart (leave) 출발하다

4) drive   운전하다

5) be busy   바쁘다

6) student   학생

7) watch   보다

8) take a picture 사진을 찍다

3. Write sentences using '= 때' or '을 때'.

1)   저는 노래를 부를 때 행복해요. 그래서 친구들이랑 자주 노래방에 가요.

2)

3)

4)

5)

6)

7)

8)

(만약, 만약에) 면/으면
If

No 받침

면

바쁘다 be busy	→	바쁘면	오늘 바쁘면 내일 만날까요? Shall we meet tomorrow if you are busy today?	tomorrow	내일
아프다 be sick	→	아프면	만약 아프면 집에서 쉬세요. Please rest at home if you are sick.	rest	쉬다
졸리다 be sleepy	→	졸리면	졸리면 자요. Go to bed if you are sleepy.	sleep	자다

받침

으면

찾다 find	→	찾으면	만약에 제 지갑을 찾으면 연락해 주세요. Please contact me if you find my wallet.	contact	연락하다
있다 have	→	있으면	시간이 있으면 커피를 한 잔 마실까요? Shall we drink a cup of coffee if you have time?	time	시간
없다 don't have	→	없으면	돈이 없으면 짜증나요. It's annoying if you don't have money.	be bored	심심하다

When the word ends with ㄹ, add 면.

살다 live	→	살면	시골에서 살면 좋을 거예요. It would be good if you I live in countryside.	countryside	시골
열다 open	→	열면	창문을 열면 추울 거예요. It would be cold if you open the window.	window	창문
힘들다 be hard	→	힘들면	만약 힘들면 저한테 말해요. Tell me if it's hard.	speak	말하다

When the word ends with ㅂ, add 우면.

덥다 be hot	→	더우면	더우면 자켓을 벗으세요. Take off your jacket if you are hot.	take off	벗다
쉽다 be easy	→	쉬우면	쉬우면 할 수 있어요. I can do it if it's easy.	can	할 수 있다
맵다 be spicy	→	매우면	너무 매우면 먹지 마세요. Don't eat it if it's too spicy.	too	너무

하다

면

피곤하다 be tired	→	피곤하면	피곤하면 조금 쉬세요. Please rest a bit if you are tired.	rest	쉬다
좋아하다 like	→	좋아하면	좋아하면 고백하세요. Please confess if you like her.	confess	고백하다
운동하다 work out	→	운동하면	운동하면 기분이 좋아요. It feels good if you exercise.	feel good	기분이 좋다

Exercises Unit 58

1. Fill in the blanks using '면' or '으면'.

1) go	가다	한국에 <u>가면</u> 누구를 만나고 싶어요?
2) receive/get	받다	저는 선물을 _____ 행복할 거예요.
3) be bored	심심하다	_____ 여자친구랑 영화를 보세요.
4) spicy	맵다	음식이 _____ 먹지 마세요.
5) make (money)	벌다	돈을 많이 _____ 뭐를 사고 싶어요?
6) have time	시간이 있다	내일 시간이 _____ 만날까요?
7) arrive	도착하다	공항에 _____ 연락할게요.

2. Fill in the blanks using '면' or '으면', and create sentences.

1) be cheap	싸다	싸면 사고, 비싸면 사지 마세요.
2) be expensive	비싸다	
3) have	있다	
4) don't have	없다	
5) miss	그립다	
6) be cold	춥다	
7) be hot	덥다	
8) find	찾다	

3. Write sentences using '면' or '으면'.

1) 남자친구가 보고싶으면 지금 전화하세요.

2)

3)

4)

5)

6)

7)

8)

래요, 대요
Said, Heard

Nouns

No 받침	받침
래요	이래요
저 남자는 의사래요.	저 여자는 연예인이래요.
He said that man is a doctor.	I heard that woman is a celebrity.

Adjectives

	No 받침	받침	하다
	비싸**다** be expensive	좋**다** be good	위험**하다** be dangerous
Present	대요	대요	대요
	비싸대요.	좋대요.	위험하대요.
	He said it's expensive.	She said it's good.	He said it is dangerous.
Past	ㅆ대요	었/았대요	했대요
	비쌌대요.	좋았대요.	위험했대요.
	He said it was expensive.	She said it was good.	He said it was dangerous.
Future / Guess	ㄹ 거래요	을 거래요	ㄹ 거래요
	비쌀 거래요.	좋을 거래요.	위험할 거래요.
	He said it will be expensive.	She said it will be good.	He said it will be dangerous.

Verbs

	No 받침	받침	하다
	가**다** go	먹**다** eat	공부**하다** study
Present	ㄴ대요	는대요	ㄴ대요
	미국에 간대요.	김치만 먹는대요.	공부한대요.
	I heard he's going to the U.S.	I heard she only eats Kimchi.	She said she's studying.
Past	ㅆ대요	었/았대요	했대요
	미국에 갔대요.	김치를 먹었대요.	공부했대요.
	I heard he went to the U.S.	I heard she ate Kimchi.	I heard she studied.
Future	ㄹ 거래요	을 거래요	ㄹ 거래요
	미국에 갈 거래요.	김치를 먹을 거래요.	공부할 거래요.
	He said he's going to go to the U.S.	She said she's going to eat Kimchi.	She said she's going to study.

Exercises

1. Fill in the blanks using '래요', '이래요'.

1) 배우　　_배우래요?_　　2) 작가 _____　　3) 모델 _____　　4) 사업가 _____
actor　　_배우래요._　　author　　　　　　　model　　　　　　　businessman

_____

5) 디자이너 _____　　6) 회계사 _____　　7) 깡패 _____　　8) 예술가 _____
designer　　　　　　　accountant　　　　　　gangster　　　　　　artist

_____

2. Fill in the blanks using '대요'.

1) 깨끗하다 _____　　2) 더럽다 _____　　3) 슬프다 _____　　4) 기쁘다 _____
be clean　　　　　　　be dirty　　　　　　　be sad　　　　　　　be glad

_____

3. Fill in the blanks using 'ㅆ대요', '었대요', '했대요'.

1) 재미있다 _____　　2) 재미없다 _____　　3) 시끄럽다 _____　　4) 조용하다 _____
be fun　　　　　　　be not fun　　　　　　be loud　　　　　　　be quiet

_____

4. Fill in the blanks using 'ㄹ 거래요', '을 거래요'.

1) 위험하다 _____　　2) 안전하다 _____　　3) 같다 _____　　4) 다르다 _____
be dangerous　　　　　be safe　　　　　　　be same　　　　　　be different

5. Fill in the blanks using 'ㄴ대요', '는대요'.

1) 오다 _____　　2) 보다 _____　　3) 일하다 _____　　4) 모르다 _____
come　　　　　　　see, watch　　　　　　work　　　　　　　don't know

_____

6. Fill in the blanks using 'ㅆ대요', '었대요', '했대요'.

1) 있다 _____　　2) 없다 _____　　3) 결혼하다 _____　　4) 이혼하다 _____
have　　　　　　　don't have　　　　　　get married　　　　　get divorced

_____

7. Fill in the blanks using 'ㄹ거래요', '을거래요'.

1) 마시다 _____　　2) 먹다 _____　　3) 잊다 _____　　4) 기억하다 _____
drink　　　　　　　eat　　　　　　　forget　　　　　　　remember

_____

Nouns

가게	ㄱ store	과목	subject
가방	bag	과일	fruit
가수	singer	과학	science
가을	fall	교수	professor
가족	family	교실	class room
간식	snack	교통카드	transportation card
간장	soy sauce	교회	church
간호사	nurse	구두	dress shoes
갈색	brown color	구름	cloud
감자	potato	국내	domestic
강	river	귀	ear
강사	instructor	귤	tangerine
개	dog	그릇	plate
거북이	turtle	근육	muscle
거울	mirror	기자	jounalist
건너편	opposite side	기차	train
건물	building		
검은색	black color		ㄴ
겨울	winter	나무	tree
경제	economics	날씨	weather
경찰	police	남방	shirt
경찰서	police station	남색	navy color
경치	view	남자	man
계단	stair	남편	husband
계란	egg	낮	daytime
계획	plan	내일	tomorrow
고구마	sweet potato	냉장고	refrigerator
고기	meat	노란색	yellow color
고등학생	high school student	노래	song
고양이	cat	노래방	karaoke
고추	pepper	농구	basketball
곰	bear	누나	sister (for guys)
공무원	government employee	눈	snow
공원	park	눈	eye
공책	notebook	눈썹	eyebrow
공항	airport	뉴욕	New York
		다람쥐	squirrel

ㄷ					

다리	bridge	명함	business card
다리	leg	목	neck
달력	calender	모래	sand
닭고기	chicken meat	모자	hat,cap
담배	cigarette	목도리	scarf
당근	carrot	무료, 공짜	free (stuff)
대만	Taiwan	무릎	knee
대사관	embassy	문화	culture
대학생	university student	물	water
돈	money	미국	America
도마뱀	lizard	미용실	hair salon
도서관	library	**ㅂ**	
도쿄	Tokyo	바나나	banana
돌	rock	바다	sea
동료	co-worker	바람	wind
동생	younger sibling	바지	pants
돼지고기	pork	박람회	expo
두부	tofu	박물관	museum
뒤	back	발	foot
등	back	발가락	toe
드라마	drama	발톱	toenail
딸	daughter	밤	night
딸기	strawberry	밥	rice
땅	land	밥솥	rice cooker
ㄹ		방	room
라면	ramen	방학	vacation
런던	London	방향	direction
로마	Rome	배	stomach
ㅁ		배낭	backpack
말	horse	배드민턴	badminton
마늘	garlic	배우	actor
마라톤	marathon	배터리	battery
맥주	beer	백화점	department store
머리	head	버섯	mushroom
머리카락	hair	버스	bus
멜론	melon	버스 기사	bus driver

Nouns

버스 정류장	bus stop	서울	Seoul
베개	pillow	서점	book store
베이징	Beijing	선글라스	sunglasses
변호사	lawyer	선물	present
병원	hospital	선생님	teacher
보라색	purple color	선풍기	fan
복사기	copy machine	섬	island
복숭아	peach	성격	personality
봄	spring	성별	gender
부모님	parents	세계	world
부엌	kitchen	세제	detergent
분홍색	pink color	세탁기	laundry machine
브라질	Brazil	세탁소	laundry
비	rain	소	cow
비밀번호	password	소고기	beef
비행기	air plane	소녀	girl
빨간색	red color	소년	boy
빵	bread	소방서	fire station
뼈	bone	소비자	consumer
		소설	novel
사과	apple	소파	sofa
사람	person	속옷	underwear
사무실	office	손	hand
사업가	businessman	손가락	finger
사이다	sprite	손녀	granddaughter
사자	lion	손님	guest
사장	boss	손님, 고객	customer
사진	photo	손자	grandson
사촌	cousin	손톱	nail
사회	society	수건	towel
산	mountain	수박	watermelon
삼촌	uncle	수영	swimming
생산자	producer	수족관	aquarium
생선	fish	수학	mathmatics
생일	birthday	숙소	accommodation

술	alcohol	언니	sister (for girls)
스위스	Switzerland	엄마	mom
스피커	speaker	엉덩이	ass
시간표	timetable	에스컬레이터	escalator
시계	watch, clock	에어컨	air conditioner
시장	market	엘리베이터	elevator
식당	restaurant	여권	passport
신발	shoes	여름	summer
신호등	traffic light	여자	woman
쓰레기통	trash can	역	station

○

아가씨	young lady	역사	history
아내	wife	연필	pencil
아들	son	영국	United Kingdom
아래	bottom	영어	English
아버지	father	영화	movie
아빠	dad	영화관	movie theatre
아저씨	middle aged man	옆	aside
아주머니	middle aged woman	오늘	today
아파트	apartment	오렌지	orange
안경	glasses	오른쪽	right
안주	food served with alcohol	오빠	older brother (for girls)
앞	front	오이	cucumber
야구	baseball	오징어	squid
야채	vegetable	온천	hot spring
약국	pharmacy	옷	clothes
약사	pharmacist	와이파이	wi-fi
양궁	archery	외교관	diplomat
양말	socks	외국어	foreign language
양식	Western food	외국인	foreigner
어깨	shoulder	왼쪽	left
어른	adult	우산	umbrella
어린이	kid	우유	milk
어머니	mother	우체국	post office
어제	yesterday	우편번호	postal code
		운동선수	athlete

Nouns

운동화	sneakers		주부	housewife
원	circle		주소	address
원피스	dress		주스	juice
월급	salary		주인	owner
위	top		주차장	parking lot
유도	judo		주횡색	orange color
유리	glass		중국	China
유치원생	kindergarten student		중식	Chinese food
은행	bank		중학생	middle school student
음료수	beverage		쥐	mouse
음식	food		직업	occupation
음악	music		직원	employee
의사	doctor		집	house
의자	chair			

ㅊ

이	teeth		차	tea
이마	forehead		차, 자동차	car
이불	blanket		참기름	sesame oil
이탈리아	Italy		책	book
일본	Japan		책상	desk
일식	Japanese food		청소년	teenager
일정	schedule		체육	physical education
입	mouth		초대장	invitation letter
입구	entrance		초등학생	elementary school student
입술	lips		초록색	green color

ㅈ

자연	nature		추억	memory
자유	freedom		축구	soccer
자전거	bicycle		축구 선수	soccer player
전시회	exhibition		출구	exit
전자레인지	microwave		충전기	charger
전철, 지하철	subway		치마	skirt
전화번호	phone number		치약	toothpaste
절	temple		친구	friend
정장/양복	suit		친척	relative
정치	politics		칠판	board
			침대	bed

칫솔	toothbrush

ㅋ

캐나다	Canada
커피	coffee
커피숍	coffee shop
컴퓨터	computer
케이크	cake
코	nose
코트	coat
콜라	coke
키보드	keyboard

ㅌ

탁구	table tennis
태국	Thailand
태권도	taekwondo
택시	taxi
택시 기사	taxi driver
테니스	tennis
티셔츠	t-shirt

ㅍ

파란색	blue color
파리	Paris
파일	file
파티	party
팔꿈치	elbow
펜싱	fencing
편의점	convenience store
편지	letter
포도	grape
폴더	folder
표	ticket
풍경	landscape
풍선	balloon
프랑스	France
프린터	printer

ㅎ

하늘	sky
하키	hockey
학교	school
학생	student
학원	private institution
한국	Korea
한식	Korean food
할머니	grandmother
할아버지	grandfather
항공권	plane ticket
해산물	seafood
해외	abroad
핸드폰	cell phone
햄버거	hamburger
허리	waist
허벅지	thigh
헬리콥터	helicopter
헬스장	gym
혀	tongue
형	older brother (for guys)
호랑이	tiger
화장실	bath room
화장품	cosmetic
화학	chemistry
회	sashimi
회사	company
회사원	office worker
회색	gray color
회원	member
횡단보도	crosswalk
휴일	holiday
휴지통	trash can
흰색	white color

No Bottom Words

ㄱ

가다	go
가르치다	teach
가리다	cover
가지고 가다	take (stuff)
가지고 오다	bring (stuff)
갖다주다	bring and give somebody
건너다	cross
걸리다	take (time)
계시다	be (formal)
고르다	select
고치다	fix
그리다	paint
기다리다	wait
기르다	raise
기쁘다	be glad
깨다	wake
깨다	break
꺼내다	pull, take out
꼬시다	hit on somebody
꾸미다	decorate
끄다	turn off
끝나다	be finished
끼우다	plug in

ㄴ

나가다	go out
나누다	share
나쁘다	be bad
나오다	come out
나타나다	show up, appear
내려가다	go down
내려오다	come down
내리다	get off
내리치다	strike
넘어지다	fall down
노래를 부르다	sing a song

놀라다	be surprised
놓치다	miss
느끼다	feel
느리다	be slow

ㄷ

다가가다, 다가오다	approach
다녀오다	go and back
다니다	attend
다르다	be different
다리다	iron
다치다	hurt
달리다	run
당기다	pull
던지다	throw
데리고 가다	take (person)
데리고 오다	bring (person)
도와주다	give a hand, help
돈을 내다	pay
돌다	turn
돌아가다	go back
돌아가시다	pass away
돌아오다	return, come back
되다	become
드리다	give (formal)
드시다	eat (formal)
들르다	stop by
들어가다	go in
들어오다	come in
등산하다	climb
따라가다, 따라오다	follow
때리다	beat up
떠나다	leave
떨어뜨리다	drop
떨어지다	fall

ㅁ	
마르다	dry
마시다	drink
마치다	finish
만나다	meet
만지다	touch
망가지다	be ruined
맞추다	customize
머무르다	stay
먹이다	feed
멈추다	stop
모르다	don't know
모으다	collect
모이다	gather
목이 마르다	be thirsty
미끄러지다	slip
미루다	put off
미치다	be crazy
ㅂ	
바꾸다	change
바라다	wish, hope
바르다	put on one's skin
바쁘다	be busy
배고프다	be hungry
배부르다	be full
배우다	learn
버리다	throw away
보내다	send
보다	see, watch
보여주다	show
보이다	be seen
부러지다	be broken
부르다	call (somebody)
비싸다	be expensive
빌려주다	lend
빌리다	borrow

빠르다	be fast
빠지다	sink, skip
빼다	subtract, take out
ㅅ	
사다	buy
사라지다	disappear
살이 빠지다	lose weight
살이 찌다	be fat
삼키다	swallow
서다	stand
서두르다	hurry
세다	count
세우다	pull up
소리를 지르다	scream
소리치다	shout
소리치다	yell
쉬다	rest
슬프다	be sad
시다	be sour
시키다	make one do
신나다	be excited
싸다	pack up, cheap
싸우다	fight
쓰다	write, use, wear, be bitter
ㅇ	
아프다	be sick
알리다	inform
알아보다	check, recognize
어울리다	fit
예쁘다	be pretty
오다	come
올라가다	go up
옮기다	carry
외우다	memorize
우기다	argue, insist

No Bottom Words

움직이다	move
이기다	win
이루다	accomplish
이르다	tell on
이르다	be early
일어나다	wake up
잃어버리다	lose(stuff)
잊어버리다	forget

ㅈ

자다	sleep
자라다	grow up
자르다	cut
잘생기다	be handsome
잡수시다	eat (formal)
주다	give
주무시다	sleep (formal)
죽이다	kill
쥐다	grab
즐기다	enjoy
지나가다	pass, go by
지나다	go by
지나치다, 통과하다	pass
지니다	keep
지다	lose
지우다	erase
지키다	protect
짜다	be salty
짜증나다	be annoyed

ㅊ

차다	kick
챙기다	take care (person)
체하다	have indigestion
추측하다	guess
출장가다	go on a business trip
치다	hit

치우다	clean up

ㅋ

켜다	turn on
크다	be big
키가 크다	be tall
키우다	raise

ㅌ

타다	take(transportation), ride
타다	burn
태어나다	be born
태우다	give one a ride, burn
튀기다	fry
튀다	bounce
틀리다	be wrong

ㅍ

퍼뜨리다	spread
피우다	smoke

ㅎ

헹구다	rinse
화나다	be angry
훔치다	steal
흐르다	flow
흐리다	be cloudy
흘리다	spill, drop, sweat

가끔	**ㄱ**	sometimes
가장, 제일		the most
갑자기		suddenly
게다가		in addition
그냥		just, just because
그대로		as it is
그래서, 그러니까		so
그러고 나서		and then
그런데, 그러나, 하지만		but
그럼(그러면)		then
그리고		and
꼭		surely
꽤		quite
늘, 항상, 언제나	**ㄴ**	always
다	**ㄷ**	all
다시, 또		again
더		more
드디어		finally
또한		also, too, as well
매우, 아주	**ㅁ**	very
바로	**ㅂ**	straight, right away
별로		not really
사실	**ㅅ**	in fact, actually
아니면, 또는	**ㅇ**	or
아마, 아마도		maybe, probably
아직		yet
어쨌든, 아무튼		anyway
얼른, 빨리		quickly
열심히		hard

왜냐하면		because
이미, 벌써		already
일찍		early
자꾸	**ㅈ**	again and again
자주, 종종		often
전혀		not at all
절대로		never
점점		gradually
정말, 진짜		really
제대로		properly
제발		please (begging)
조금		a little
천천히	**ㅊ**	slowly
특히	**ㅌ**	especially
함께, 같이	**ㅎ**	together
혹시		by any chance

Bottom Words

가깝다	be close (distance)		날다	fly
가라앉다	sink		낫다	be better, be cured
가렵다	be itchy		낮다	be low
가볍다	be light		냄새를 맡다	smell
갈다	grind		넓다	be wide
갈아입다	change clothes		넌다	jump
갖다	own		넣다	put in
같다	be same		노랗다	be yellow
갚다	pay back		녹다	melt
거칠다	be wild		놀다	play
걷다	walk		높다	be high
걸다	hang		놓다, 내려놓다	put down
검다	be black		눕다	lie down
겪다	experience		늘다	improve, increase
고맙다	thank		늙다	be old
괜찮다	be okay		늦다	be late
굽다	bake			
귀엽다	be cute		닦다	wipe
귀찮다	can't be bothered		닫다	close
그립다	miss		달다	be sweet
긁다	scratch		닮다	resemble
기울다	tilt		담다	put in
길다	be long		더럽다	be dirty
깊다	be deep		덥다	be hot (weather)
까맣다	be black		돌다	spin
까먹다	forget		돕다	help
까불다	act up, cheeky		두껍다	be thick
깎다	peel, reduce (price)		뒤집다	flip
깨닫다	realize		드물다	be rare
꼬집다	pinch		듣다	hear, listen
꽂다	stick		들다	lift
끊다	quit, stop, hang up		떠들다	talk loudly
끌다	drag		떨다	shake
끓다	boil		뚫다	pierce
			뜨겁다	be hot

ㅁ		빌다	beg
막다	block	빨갛다	be red
만들다	make	빨다	suck, do laundry
많다	be a lot	뽑다	pull out, vote for, hire
말다	roll		
맑다	be clean (weather, water)	**ㅅ**	
맛없다	be not delicious	살다	live
맛있다	be delicious	삶다	boil
맞다	be correct	상관없다	don't matter
맵다	be spicy	상을 받다	win a prize
머리를 감다	wash one's hair	섞다	mix
먹다	eat	숨다	hide
멀다	be far	쉽다	be easy
멋있다	be cool (stylish)	시끄럽다	be loud
무겁다	be heavy	시들다	wither
무섭다	be scary	신다	wear (shoes, socks)
묶다	tie	싫다	dislike
묻다	ask, bury	심다	plant
물다	bite	싱겁다	be bland
믿다	believe	썩다	decay
밀다	push	썰다	chop, slice
		썰다	slice
ㅂ		쏟다	spill
박다	bump	쑥스럽다	be shy
반갑다	be glad (glad to meet)	쓸다	sweep
받다	receive	씹다	chew
밝다	be bright	씻다	wash
밟다	step on		
벌다	make, earn (money)	**ㅇ**	
벗다	take off (clothes, shoes, glasses)	아기를 낳다	have a baby
부드럽다	be soft	아름답다	be beautiful
부럽다	envy	안다	hug
부자연스럽다	be unnatural	앉다	sit
불다	blow	알다	know
붓다	pour	얇다	be thin
붓다	be swollen	얕다	be shallow
비틀다	twist	어둡다	be dark

Bottom Words

어렵다	be difficult
어지럽다	be dizzy
얻다	get (from somebody)
얼다	freeze
없다	don't have
역겹다	be disgusting
열다	open
옳다	be right
외롭다	be lonely
울다	cry
웃다	laugh
이끌다	lead
이를 닦다	brush one's teeth
익다	ripen
읽다	read
잃다	lose
입다	wear
잇다	connect
있다	have
잊다	forget

ㅈ

자랑스럽다	be proud
자연스럽다	be natural
작다	be small
잠들다	fall asleep
잡다	catch
재미없다	be not fun
재미있다	be fun
적다	be few, be little
전화를 걸다	make a call
전화를 받다	answer the call
젊다	be young
접다	fold
젖다	be wet
졸다	doze off

좁다	be narrow
좋다	good
죽다	die
줍다	pick up
즐겁다	be enjoyable
짓다	build
징그럽다	be gross
짖다	bark
짧다	be short
쫓다	chase
찍다	take (picture)
찢다	rip up

ㅊ

차갑다	be cold
참다	be patient
찾다	find, look for
촌스럽다	be countrified
춥다	be cold (weather)

ㅍ

파랗다	be blue
팔다	sell
풀다	untie
필요없다	don't need

ㅎ

하얗다	be white
핥다	lick
흔들다	shake
힘들다	be hard

하다 Words

ㄱ

가능하다	be possible
가입하다	join (become a member)
간단하다	be simple
간섭하다	interfere
감독하다	supervise
감사하다	thank
강하다	be strong
거만하다	be arrogant
거절하다	refuse
거짓말하다	lie
걱정하다	be worried
건강하다	be healty
결석하다	be abesent
결심하다	decide
결정하다	decide
결혼하다	get married
경고하다	warn
경험하다	experience
계산하다	calculate
계속하다	continue
계획하다	plan
고생하다	do a hard job
고용하다	hire
공부하다	study
관리하다	manage
관찰하다	observe
교환하다	exchange
구경하다	sightsee
구하다	save
궁금하다	wonder
극복하다	overcome
급하다	be urgent
기대하다	expect
기록하다	record
기부하다	donate

기억하다	remember
긴장하다	be nervous
깨끗하다	be clean
끔찍하다	be terrible

ㄴ

낙서하다	scribble
날씬하다	be slender
낭비하다	waste
노래하다	sing
노력하다	make an effort
농담하다	joke
느끼하다	be oily

ㄷ

다양하다	be various
당황하다	be flustered
대답하다	answer
더하다	add
데이트하다	go on a date
도착하다	arrive
동의하다	agree
등록하다	resister
등산하다	climb
따뜻하다	be warm
따라하다	copy (one's behavior)
따로따로하다	do it separately
딱딱하다	be hard
똑똑하다	be smart
똑바로하다	do something right
뚱뚱하다	be fat

ㅁ

만족하다	be satisfied
말씀하다	say, tell (formal)
말하다	speak
멍청하다	be stupid
면도하다	shave

하다 Words

명령하다	command		비슷하다	be similar
목욕하다	take a bath		빨래하다	do the laundry
묘사하다	describe			
무시하다	ignore		사과하다	apologize
문자하다	send a text message		사랑하다	love
미안하다	be sorry		사업하다	do business
미워하다	hate		사용하다	use
			사인하다	sign
반대하다	disagree		삭제하다	delete
반하다	have a crush on		산책하다	take a walk
발견하다	discover		상상하다	imagine
발명하다	invent		상하다	spoil (food)
발표하다	announce		생각하다	think
방문하다	visit		서명하다	autograph
방해하다	interrupt, bother, disturb		선물하다	do a present
배달하다	deliver		선택하다	choose
변하다	change		설거지하다	do dish-washing
보고하다	report		설득하다	persuade
보관하다	store		설명하다	explain
보호하다	protect		설치하다	install
복사하다	copy		성공하다	succeed
복수하다	revenge		성실하다	be diligent
복습하다	review (study)		세수하다	wash one's face
복잡하다	be complicated		소개하다	introduce
부족하다	be not enough		소독하다	disinfect
부탁하다	do one's favor		소중하다	be precious
분석하다	analyse		송금하다	transfer (money)
불가능하다	be impossible		쇼핑하다	go shopping
불공평하다	be unfair		수술하다	do surgery
불쌍하다	be poor		수영하다	swim
불안하다	be anxious		수집하다	collect
불친절하다	be unkind		숙제하다	do homework
불편하다	be unconfortable, inconvenient		순수하다	be innocent
불평하다	complain		습하다	be humid
불행하다	be unhappy		승낙하다	approve
비교하다	compare		시도하다	try

시원하다	be cool	용서하다	forgive
시작하다	begin	우울하다	be depressed
시험하다	test	운동하다	exercise
식사하다	have a meal	운전하다	drive
신고하다	report	원하다	want
신기하다	be amazing	위험하다	be dangerous
신선하다	be fresh	위협하다	threaten
실례하다	excuse	유명하다	be famous
실망하다	be disappointed	유용하다	be useful
실수하다	make a mistake	응답하다	response
싫어하다	hate	의미하다	mean
심각하다	be serious	이사하다	move
심부름하다	errand	이상하다	be weird
심심하다	be bored	이야기하다	talk
심하다	be harsh	이용하다	use
		이해하다	understand
ㅇ		이혼하다	get divorced
안전하다	be safe	인사하다	greet
애원하다	beg	인쇄하다	print out
야하다	be erotic	인정하다	admit
약속하다	promise	인출하다	withdraw
약하다	be weak	일하다	work
엄격하다	be strict	임신하다	be pregnant
여행하다	travel	입학하다	enter shcool
연락하다	contact		
연습하다	practice	**ㅈ**	
연애하다	have a relationship	자랑하다	boast
염색하다	dye	작성하다	write
예매하다	book (for tickets)	잔소리하다	nag
예방하다	prevent	잔인하다	be cruel
예습하다	prepare (study)	잘못하다	do wrong
예약하다	book	재활용하다	recycle
오해하다	misunderstand	저장하다	save
완벽하다	be perfect	전역하다	be discharged
외출하다	go out (from home)	전화하다	call
요리하다	cook	절약하다	save
욕하다	swear	정리하다	arrange

하다 Words

정직하다	be honest		취하다	be drunk
정확하다	be precise		치료하다	cure
제거하다	remove		친절하다	be kind
제안하다	suggest			
조사하다	survey		**ㅌ**	
조심하다	be careful		탈출하다	escape
조용하다	be quiet		탓하다	blame
조절하다	control		토하다	vomit
존경하다	admire		통통하다	be chubby
졸업하다	graduate		통화하다	talk on the phone
좋아하다	like		퇴근하다	get off work
죄송하다	be sorry		특별하다	be special
주문하다	order		튼튼하다	be strong
준비하다	get ready			
중요하다	be important		**ㅍ**	
증명하다	prove		편리하다	be convenient
직진하다	go straight		편하다	be comfortable
질문하다	ask, have a question		평범하다	be ordinary
집중하다	concentrate		포기하다	give up
			포옹하다	hug
ㅊ			포장하다	wrap
착하다	be nice		표현하다	express
찬성하다	agree		피곤하다	be tired
참가하다	participate		피하다	avoid
창피하다	be embarrassed		필요하다	need
청소하다	clean up			
초대하다	invite		**ㅎ**	
추측하다	guess		하다	do
축하하다	congratulate		한가하다	be free (not busy)
출근하다	go to work		행동하다	act
출발하다	depart		행복하다	be happy
출석하다	attend		허락하다	allow
충분하다	be enough		화장하다	wear makeup
충전하다	charge		확인하다	check
취소하다	cancel		환영하다	welcome
취직하다	get a job		환전하다	exchange (money)
			활발하다	be outgoing
			후회하다	regret

Konglish

게임하다	play game		업로드하다	upload
기타	guitar		오바이트하다	throw up
노트북	laptop		오토바이	motorbike
다운로드하다	download		와이셔츠	dress shirt
더치페이하다	go dutch (pay separately)		원샷하다	chug
데이트하다	go on a date		이벤트하다	event
드럼	drum		인터넷하다	do internet
디스카운트하다	discount		점프하다	jump
라디오	radio		조깅하다	jog
로맨틱하다	romantic		카메라	camera
로션	lotion		카피하다	copy
리필하다	refill		캠핑 가다	go camping
메이크업하다	wear make-up		컨닝하다	cheat (for the exam)
모닝콜	wake-up call		컴퓨터	computer
백업하다	backup		컴퓨터하다	do computer
버스	bus		컵	cup
번지점프하다	do bungee jump		콘서트	concert
비닐봉지	plastic bag		콘센트	socket
빌딩	building		쿨하다	be cool
샌드위치	sandwich		클릭하다	click
샌들	sandal		키스하다	kiss
샤워하다	shower		택시	taxi
샴푸	shampoo		테이크아웃하다	take out
서핑하다	surf		파마하다	get a perm
선크림	sun cream		파킹하다	park (the car)
세일하다	be on sale		파티하다	have a party
섹시하다	be sexy		페이하다	pay
쇼핑하다	go shopping		포맷하다	format
스쿠버다이빙하다	do scuba diving		포크	fork
스킨십하다	touch one's skin		프로포즈하다	propose
슬리퍼	slipper		프린트하다	print
시크하다	chic		핫하다	be hot
아르바이트하다	do part time job		햄버거	hamburger
아파트	apartment		헌팅하다	hunt
업그레이드하다	upgrade		화이팅하다	cheer up

Final Test 1

1. 저 (　) 선생님이에요.   **Unit**   9, 10
   A 은　　B 는　　C 이　　D 가

2. 우리 (　) 친구 (　).   **Unit**   9
   A 예요　　B 이에요　　C 은　　D 는

3. 저 사람 (　) 미국 사람 (　).   **Unit**   9
   A 은　　B 을　　C 는　　D 을　　E 이에요　　F 예요

4. 저는 한국어를 (　).   **Unit**   11
   A 운동해요　　B 피곤해요　　C 공부해요　　D 일해요

5. 저는 운동을 (　).   **Unit**   11
   A 필요해요　　B 싫어해요　　C 먹어요　　D 마셔요

6. 비빔밥 (　) 맛있어요.   **Unit**   12
   A 을　　B 를　　C 이　　D 가

7. 선생님 (　) 한국 사람 (　).   **Unit**   13
   A 은, 입니다　　B 는, 입니까　　C 을, 입니다　　D 를, 입니까

8. 저는 시골에서 (　).   **Unit**   13
   A 살다　　B 삽니다　　C 살습니다　　D 살읍니다

9. 저는 책을 (　).   **Unit**   13
   A 읽다　　B 읽읍니다　　C 읽습니다　　D 입니다

10. 저는 서울에서 (　).   **Unit**   13
   A 일합니다　　B 일습니다　　C 일입니다　　D 일하다

11. 저는 요리를 (　) 해요.   **Unit**   14
   A 살　　B 암　　C 모　　D 못

12. 저는 수영을 (   ) 해요.   **Unit**   14
     A 잔   B 잘   C 장   D 잠

13. 제 친구는 (   ) 똑똑해요.   **Unit**   14
     A 못   B 안   C 잘   D 한

14. 저는 불고기(   ), 비빔밥(   ), 갈비를 좋아해요.   **Unit**   15
     A 랑   B 이랑   C 그런데   D 일해요

15. 지금 엄마(   ) 영화를 봐요.   **Unit**   15
     A 하고   B 은   C 이랑   D 그리고

16. 제 남자친구는 착해요. (   ) 똑똑해요.   **Unit**   19
     A 하고   B 그리고   C 랑   D 이랑

17. 물(   ), 숟가락(   ), 포크를 주세요.   **Unit**   15
     A 랑   B 하고   C 을   D 은

18. 저는 지금 샤워하(   ).   **Unit**   16
     A 살다   B 지 마세요   C 고 있었어요   D 고 있어요

19. 아빠는 TV를 보(   ).   **Unit**   16
     A 고 있어요   B 아요   C 고 싶어요   D 입니다

20. 어제 친구랑 커피숍에서 커피를 (   ).   **Unit**   18
     A 마시고 있어요   B 마싰어요   C 마셨어요   D 마셔요

21. 어제 강남역에서 친구를 (   ).   Unit   18
   A 만나요   B 만났어요   C 만날 거예요   D 만납니다

22. 저는 중국에서 (   ).   Unit   18
   A 살었어요   B 살았어요   C 살아 했어요   D 살었습니다

23. 너무 피곤해요. 그래서 오늘 집에서 (   ).   Unit   22
   A 쉽니까   B 쉬요   C 쉴 거예요   D 쉽니까

24. 언제 한국에 (   )?   Unit   22
   A 안 와요   B 올 거예요   C 안 올 거예요   D 옵니다

25. 오늘 재미있었어요. 안녕히 가세요. 집에 도착해서 (   ).   Unit   23
   A 전화할게요   B 전화할 거예요   C 통화할게요   D 통화할 거예요

26. 금요일(   ) 서울(   ) 친구랑 영화를 볼 거예요.   Unit   24
   A 에   B 이   C 에서   D 가

27. 12시(   ) 점심을 먹고 1시(   ) 명동(   ) 갔어요.   Unit   24
   A 에   B 에서   C 위해   D 까지

28. 11시(   ) 8시(   ) 수업이 있어요.   Unit   24
   A 까지   B 후에   C 부터   D 전에

29. 서울(   ) 부산(   ) 몇 시간 걸려요?   Unit   25
   A 에   B 에서   C 부터   D 까지

30. 오늘(   ) 금요일(   ) 바빠요. 다음주에 만나는게 어때요?   Unit   25
   A 까지   B 은   C 에   D 부터

31. 수업이 끝나(   ) 도서관에 갈 거예요.   **Unit 26**
    A 나서   B 후에   C 은 다음에   D 고 나서

32. 밥을 먹(   ) 커피를 마셨어요.   **Unit 26**
    A 는 다음에   B 은 다음에   C 에   D 에서

33. 일주일 (   ) 다시 만나요!   **Unit 26**
    A 다음에   B 고 나서   C 후에   D 은 후에

34. 3일 (   ) 홍콩에 다녀왔어요.   **Unit 26**
    A 기 전에   B 전에   C 후에   D 에

35. 1년 (   ) 독일에서 살았어요.   **Unit 27**
    A 동안   B 에   C 기 전에   D 만에

36. 먹(   ) 손을 씻으세요.   **Unit 27**
    A 전에   B 기 전에   C 동안   D 는 동안

37. 돌아가(   ) 한 번 만나는게 어때요?   **Unit 27**
    A 후에   B 기 전에   C 전에   D 고 나서

38. 청소하(   ) 잠깐 밖에서 기다려 주시겠어요?   **Unit 27**
    A 다음에   B 자마자   C 고 나서   D 는 동안

39. 어제 너무 피곤했어요. 그래서 눕(   ) 바로 잠들었어요.   **Unit 28**
    A 면서   B 으면서   C 자마자   D 후에

40. 뭐 하(   )? 저는 집에서 쉬(   ).   **Unit 29**
    A 했어요   B 고 싶어요   C 요   D 할 거예요

41. 일하(   ).   Unit   30
   A 기 싫어요   B 을 거예요   C 게요   D 습니다

42. 위험해요! 하(   )!   Unit   51
   A 지 마세요   B 세요   C 고 싶어요   D 이에요

43. 운동을 안 하면 건강에 안 좋아요. 그러니까 운동하(   ).   Unit   50
   A 지 마세요   B 세요   C 도 돼요   D 야 돼요

44. 비가 오(   ) 우산을 가지고 가세요.   Unit   52
   A 서   B 어서   C 니까   D 으니까

45. 시간이 별로 없(   ) 빨리 시작해야 돼요.   Unit   52
   A 서   B 어서   C 니까   D 으니까

46. 조금 늦을 것 같아요. 기다(   ).   Unit   31
   A 여 주세요   B 려 주세요   C 리 주세요   D 러 주세요

47. 한국어를 공부하고 싶어요. 가르(   )?   Unit   32
   A 주시겠어요   B 쳐 주시겠어요   C 치 주시겠어요   D 춰 주시겠어요

48. 이 문제가 너무 어려워요. 도(   )?   Unit   32
   A 주시겠어요   B 워주시겠어요   C 와주시겠어요   D 해주시겠어요

49. 저는 미국에 갈 거예요. 그래서 영어를 배(   ).   Unit   33
   A 야 돼요   B 어야 돼요   C 해야 돼요   D 워야 돼요

50. 내일 학교에 가요. 그래서 숙제를 (   ).   Unit   33
   A 워야 돼요   B 끝나야 돼요   C 해야 돼요   D 하야 돼요

51. 이미 늦었어요. 안 (　　　)도 돼요.　　　　　　　　　　　　**unit　34**

　　A 아　　　B 워　　　C 오　　　D 와

52. 여기는 도서관이에요. 떠들(　　　).　　　　　　　　　　　　**Unit　36**

　　A 어도 돼요　　　B 어야 돼요　　　C 면 안돼요　　　D 으면 안돼요

53. 더러워요. 만지(　　　).　　　　　　　　　　　　　　　　　**Unit　36**

　　A 세요　　　B 으세요　　　C 면 안돼요　　　D 면 돼요

54. 오늘 별로 안 바빠요. 영화를 (　　　)?　　　　　　　　　　**Unit　37**

　　A 볼래요　　　B 봘래요　　　C 봐요　　　D 보요

55. 주말에 뭐 할 거예요? 약속이 없으면 강원도로 캠핑(　　　)?　**Unit　38**

　　A 갑니까　　　B 갈 거예요　　　C 갈까요　　　D 가세요

56. 부산에 어떻게 갈 거예요? 버스를 타고 가(　　　)?　　　　**Unit　39**

　　A 는게 어때요　　　B 고 있어요　　　C 갑니다　　　D 는 중이에요

57. 저는 잘 모르겠어요. 아마 선생님이 (　　　)?　　　　　　　**Unit　40**

　　A 압니까　　　B 알지요　　　C 알걸요　　　D 알 수 있어요

58. 한국어를 읽(　　　)?　　　　　　　　　　　　　　　　　　**Unit　41**

　　A ㄹ 수 있어요　　　B 을 수 있어요　　　C 할 수 있어요　　　D 수 있어요

59. 고등학교때 영어공부를 안 했어요. 그래서 영어를 (　　　).　**Unit　14**

　　A 잘 해요　　　B 할 수 있어요　　　C 못 할 수 있어요　　　D 못 해요

60. 스키를 (　　　)? 겨울이니까 스키장에 가요!　　　　　　　**Unit　42**

　　A 할 수 있어요　　　B 할 줄 알아요　　　C 해요　　　D 탈 줄 알아요

61. 자동차를 운전(　　　)? 그럼 제가 운전할게요.　　　　　　　　**Unit　42**
　　　A 할 줄 알아요　　　B 할 수 있어요　　　C 할 줄 몰라요　　　D 을 줄 몰라요

62. 홍콩에 가(　　　)? 저는 아직 안 가 봤는데 가고 싶어요.　　　　**Unit　43**
　　　A 도 돼요　　　B 본 적 있어요　　　C 요　　　D 기 싫어요

63. 이 노래를 (　　　)? 저는 이 노래를 좋아해서 이것만 들어요.　　**Unit　44**
　　　A 듣어 봤어요　　　B 들어 봤어요　　　C 듣어 본 적이 없어요　　　D 들어 봅니까

64. 술을 마(　　　)? 건강에 안 좋으니까 너무 많이 마시지 마세요.　**Unit　44**
　　　A 시 본 적이 있어요　　　B 시 봤어요　　　C 셔 봤어요　　　D 셔 봐요

65. 이거 먹어 본 적이 없어요? 진짜 맛있어요. 한 번 먹(　　　).　**Unit　45**
　　　A 어 보세요　　　B 보세요　　　C 봐요　　　D 어 볼게요

66. 저는 수영을 잘 못해서 배(　　　).　　　　　　　　　　　**Unit　45**
　　　A 워고 싶어요　　　B 워 보고 싶어요　　　C 우 하고 싶어요　　　D 우 보고 싶어요

67. 요즘 핸드폰이 너무 비(　　　). 그리고 옷도 너무 비(　　　).　**Unit　49**
　　　A 싼 것 같아요　　　B 쌀 것 같아요　　　C 쌌던 것 같아요　　　D 인 것 같아요

68. 비가 (　　　). 우산을 가지고 가세요.　　　　　　　　　　**Unit　49**
　　　A 올 것 같아요　　　B 온 것 같아요　　　C 왔던 것 같아요　　　D 왈 것 같아요

69. 오늘 많이 피곤(　　　). 일찍 집에 가서 쉬세요.　　　　　　**Unit　54**
　　　A 해요　　　B 할 것 같아요　　　C 했어요　　　D 해 보여요

70. 번지점프는 위험(　　　). 하지 마세요!　　　　　　　　　　**Unit　54**
　　　A 하 보여요　　　B 어 보여요　　　C 해 보여요　　　D 보여요

71. 제 여자친구는 예쁘(   ) 똑똑해요.
    A 하고   B 그리고   C 서   D 고

72. 저는 시간이 없(   ) 못 갈 것 같아요. 죄송해요. 다음에 갈게요.
    A 서   B 어서   C 해서   D 이고

73. 한국 음식은 맵(   ) 짜요. 그런데 맛있어요.
    A 고   B 서   C 하고   D 어서

74. 춥(   ) 배고프(   ) 외로워요.
    A 그리고   B 그래서   C 고   D 하고

75. 편의점이 집에서 가까(   ) 편리해요.
    A 고   B 워서   C 어서   D 그래서

76. 저는 돈이 없어요. (   ) 친구도 없어요.
    A 그리고   B 그래서   C 그고 나서   D 하지만

77. 저는 집이 없어요. (   ) 집을 지을 거예요.
    A 그리고   B 그래서   C 하고   D 해서

78. 그 친구를 중학교(   ) 만났어요.
    A 면   B 으면   C 때   D 을 때

79. 심심(   ) 연락하세요. 아니면 필요(   ) 연락해도 돼요.
    A 으면   B 을면   C 을 때   D 할 때

80. 공항에 도착하(   ) 전화하세요. 제가 마중나갈게요.
    A 할 때   B 면   C 으면   D 때

81. 밥을 많이 먹었어요. (　　　) 아직도 배고파요.　　　　Unit　21
　　A 그리고　　B 그런데　　C 그래서　　D 그리고 나시

82. 돈은 있(　　　) 시간이 없어요. 그래서 안 행복해요.　　Unit　21
　　A 은데　　B 는데　　C 어서　　D 그런데

83. 그 여자를 사랑했(　　　) 헤어졌어요.　　　　Unit　21
　　A 는데　　B 은데　　C 그런데　　D 어요

84. 보고싶(　　　) 볼 수 없어서 슬퍼요.　　　　Unit　21
　　A 는데　　B 은데　　C 어요　　D 어서

85. 하기 싫(　　　) 안 해도 돼요. 억지로 할 필요없어요.　　Unit　58
　　A 면　　B 으면　　C 은데　　D 데

86. 지금 가고 있(　　　). 곧 도착해요.　　　　Unit　17
　　A 고 있어요　　B 지 않아요　　C 지 마세요　　D 는 중이에요

87. 남자친구랑 벚꽃을 보(　　　) 일본에 가고 싶어요.　　Unit　55
　　A 고　　B 면　　C 러　　D 서

88. 영국에서 일하(　　　) 열심히 영어를 공부했어요.　　Unit　56
　　A 러　　B 으러　　C 려고　　D 느라

89. 오늘 날씨가 꽤 춥(　　　). 벌써 겨울이 온 것 같아요.　　Unit　46
　　A 워서　　B 네요　　C 고　　D 고 있어요

90. 그 드라마를 봤어요? 당연히(　　　)!　　　　Unit　47
　　A 보요　　B 봤지요　　C 봐요　　D 보지요

91. 넓고 깨끗(   ) 집에서 살고 싶어요.　　　　　**unit**　**48**

　　A 하다　　　B 하는　　　C 할　　　D 한

92. 사고 싶(   ) 카메라가 있는데 너무 비싸서 못 샀어요.　　**Unit**　**48**

　　A 는　　　B 을　　　C 은　　　D 다

93. 저는 매(   ) 음식을 잘 못 먹어요.　　　　　**Unit**　**48**

　　A 운　　　B 은　　　C 우는　　　D 워요

94. 할머니는 지금 어디에 (   )?　　　　　　**Unit**　**53**

　　A 있어요　　　B 주무세요　　　C 드세요　　　D 계세요

95. 어디에서 일(   )?　　　　　　　　**Unit**　**53**

　　A 계세요　　　B 합니다　　　C 하세요　　　D 가세요

96. 저는 밥을 먹었어요. 선생님은 식사(   )?　　**Unit**　**53**

　　A 하세요　　　B 하십니다　　　C 합니까　　　D 하셨어요

97. 어제 뉴스를 봤는데 오늘 날씨가 좋(   ).　　**Unit**　**59**

　　A 네요　　　B 래요　　　C 아요　　　D 대요

98. 오늘 날씨가 추우니까 두꺼운 옷을 입(   ).　　**Unit**　**59**

　　A 하래요　　　B 래요　　　C 으래요　　　D 은대요

99. 어제 친구가 아파서 병원에 입원(   ). 그래서 오늘 가 보려고요.　　**Unit**　**59**

　　A 했대요　　　B 한대요　　　C 하래요　　　D 하랬어요

100. 그 소식을 들었어요? 오늘 백화점에서 세일(   ). 같이 쇼핑하러 갈까요?　　**Unit**　**59**

　　A 래요　　　B 한대요　　　C 했대요　　　D 하재요

Final Test 2

1. Write a sentence. Use 요/어요/해요.

2. Write a sentence. Use 써어요/었어요/했어요.

3. Write a sentence. Use 은/는 and 예요/이에요.

4. Write a sentence. Use 랑/이랑.

5. Write a sentence. Use 을/를.

6. Write a sentence. Use 이/가.

7. Write a sentence. Use 안.

8. Write a sentence. Use 못.

9. Write a sentence. Use 잘.

10. Write a sentence. Use ㅂ니다/습니다.

11. Write a sentence. Use 하고.

12. Write a sentence. Use 그리고.

13. Write a sentence. Use 고 있어요.

14. Write a sentence. Use 는 중이에요.

15. Write a sentence. Use 고.

16. Write a sentence. Use 서/어서/해서.

17. Write a sentence. Use 그래서.

18. Write a sentence. Use ㄴ/은데/는데.

19. Write a sentence. Use 그런데.

20. Write a sentence. Use 에.

21. Write a sentence. Use 에서.

22. Write a sentence. Use 부터, 까지.

23. Write a sentence. Use 에서, 까지.

24. Write a sentence. Use 고 나서.

25. Write a sentence. Use ㄴ/은 다음에.

26. Write a sentence. Use ㄴ/은 후에.

27. Write a sentence. Use 자마자.

28. Write a sentence. Use 전에.

29. Write a sentence. Use 기 전에.

30. Write a sentence. Use 동안.

31. Write a sentence. Use 는 동안.

32. Write a sentence. Use 자마자.

33. Write a sentence. Use 고 싶어요.

34. Write a sentence. Use 고 싶었어요.

35. Write a sentence. Use 기 싫어요.

36. Write a sentence. Use 기 싫었어요.

37. Write a sentence. Use 주세요/어 주세요/해 주세요.

38. Write a sentence. Use ㄹ걸요/을걸요.

39. Write a sentence. Use 는게 어때요.

40. Write a sentence. Use ㄹ 수 있어요/을 수 있어요.

41. Write a sentence. Use 주시겠어요/어 주시겠어요/해 주시겠어요.

42. Write a sentence. Use 야 돼요/어야 돼요/해야 돼요.

43. Write a sentence. Use ㄹ래요/을래요.

44. Write a sentence. Use 안~도 돼요/안~어도 돼요/안~해도 돼요.

45. Write a sentence. Use 도 돼요/어도 돼요/해도 돼요.

46. Write a sentence. Use 면 안돼요/으면 안돼요.

47. Write a sentence. Use ㄹ까요/을까요.

48. Write a sentence. Use ㄹ 줄 알아요/을 줄 알아요.

49. Write a sentence. Use 본 적이 있어요/어 본 적이 있어요/해 본 적이 있어요.

50. Write a sentence. Use ㄹ 줄 몰라요/을 줄 몰라요.

51. Write a sentence. Use 봤어요/어 봤어요/해 봤어요

---

52. Write a sentence. Use 보다/어 보다/해 보다 + 세요.

---

53. Write a sentence. Use 보다/어 보다/해 보다 + 고 싶어요.

---

54. Write a sentence. Use 네요.

---

55. Write a sentence. Use 지요.

---

56. Write a sentence. Use ㄴ/은 (an adjective + a noun).

---

57. Write a sentence. Use 는 (a verb + a noun).

---

58. Write a sentence. Use ㄴ/은 (a verb + a noun).

---

59. Write a sentence. Use ㄹ/을 (a verb + a noun).

---

60. Write a sentence. Use 니까/으니까.

---

61. Write a sentence. Use 세요/으세요.

62. Write a sentence. Use 지 마세요.

63. Write a sentence. Use 시다/으시다.

64. Write a sentence. Use 시다/으시다/하시다 + ㅆ어요.

65. Write a sentence. Use 시다/으시다/하시다 + ㄹ 거예요.

66. Write a sentence. Use 시다/으시다/하시다 + 고 계세요.

67. Write a sentence. Use 는 보여요/어 보여요/해 보여요.

68. Write a sentence. Use 러/으러.

69. Write a sentence. Use 려고요.

70. Write a sentence. Use 려고 하다 + 요/어요/해요.

71. Write a sentence. Use 려고 하다 + ㅆ어요/었어요/했어요.

72. Write a sentence. Use 때.

73. Write a sentence. Use ㄹ 때/을 때.

74. Write a sentence. Use 면/으면.

75. Write a sentence. Use 래요.

76. Write a sentence. Use 대요.

77. Write a sentence. Use ㄴ대요/는대요.

78. Write a sentence. Use 요/이요.

79. Write a sentence. Use 그리고 + 그런데 + 그래서 + 요/어요/해요.

80. Write a sentence. Use 고 + ㄴ데 + 서/어서/해서 + 요/어요/해요.

Diary

Answers

Unit 6

6-1
1) 전화번호
2) 우편번호
3) 년
4) 출구
5) 번
6) 월
7) 원
8) 층
9) 일

6-2 ex)
1) 이천십오 년 삼 월 십팔 일
2) 천구백구십구 년 삼 월 오 일
3) 공일공 이삼사오 육칠구오
4) 사사삼 오이공

6-3 ex)
1) 공일공 이칠팔오 삼구사이
2) 사사오육 이사칠 삼삼이일
3) 이칠팔 공오사 삼오공일
4) 칠칠팔 구팔오 사삼일삼

6-4 ex)
1) 공일공 이사삼사 일팔사공
2) 이천십오 년 오 월 이십삼 일
3) 삼만 구천 원
4) 천삼백칠 번
5) 일칠공 오일사
6) 십층
7) 백사 동 이천백이 호

Unit 7

7-1
하나, 둘, 셋, 넷, 다섯
여섯, 일곱, 여덟, 아홉, 열
열 하나, 열 둘, 열 셋, 열 넷, 열 다섯,
열 여섯, 열 일곱, 열 여덟, 엹 아홉, 스물

7-2
1) 한 장
2) 한 잔
3) 다섯 명
4) 일곱 켤레
5) 두 조각
6) 열 두 마리
7) 열 잔
8) 스물한 살
9) 열아홉 벌
10) 스물일곱 대
11) 서른일곱 권
12) 세 개

7-3
1) 스물 세 살이에요.
2) 여섯 명이에요.
3) 다섯 시예요.
4) 열일곱 개예요.
5) 서른한 마리예요.
6) 열세 병이에요.
7) 스물두 권이에요.
8) 스물다섯 살이에요

Unit 8

8-1

1) 다섯 시예요.
2) 세 시 오십오 분이에요.
3) 한 시 사십 분이에요.
4) 아홉 시 오 분이에요.
5) 열 시 삼십 분이에요.

8-2

1) 수요일이에요.
2) 십삼 일이에요.
3) 목요일이에요.
4) 이천십오 년, 오 월, 삼십일 일이에요

8-3

1) 한 시 오 분
2) 두 시 이십 분
3) 세 시 사십오 분
4) 네 시 십칠 분
5) 다섯 시 삼십 분
6) 여섯 시 구 분
7) 일곱 시 사십일 분
8) 여덟 시 오십 분
9) 아홉 시 십이 분
10) 열 시 십 분
11) 열한 시
12) 열두 시 삼 분
13) 여덟 시 십사 분
14) 일곱 시 이십팔 분
15) 한 시 십팔 분
16) 네 시 사십육 분
17) 다섯 시 삼십삼 분
18) 세 시 오십이 분
19) 여섯 시 칠 분
20) 두 시 이십이 분

Unit 9

9-1

1) 저는
2) 나는
3) 저희는
4) 우리는
5) 엄마는
6) 아빠는
7) 형은
8) 누나는
9) 언니는
10) 오빠는
11) 동생은
12) 선생님은
13) 어머니는
14) 아버지는
15) 할머니는
16) 할아버지는
17) 친구는
18) 가족은
19) 오늘은
20) 내일은
21) 어제는
22) 사람은
23) 남자는
24) 여자는

9-2

1) 저는 스캇이에요.
2) 오늘은 제 생일이에요.
3) 내일은 크리스마스예요.
4) 저희 엄마는 요리사예요.
5) 카메라는 얼마예요?
6) 제 이름은 민수예요.
7) 저는 선생님이에요.
8) 제임스는 학생이에요.

9) 케빈은 제 친구예요.

10) 제 동생은 13살이에요.

11) 우리는 친구예요.

12) 제 동생은 남자예요.

13) 저는 한국 사람이에요.

14) 제 친구는 미국 사람이에요.

15) 제시카는 여자예요.

9-3 ex)

1) 우리 아빠는 회사원이에요.

2) 우리 누나는 학생이에요.

Unit 10

10-1

1) 라디오예요.

2) 컴퓨터예요.

3) 핸드폰이에요.

4) 에어컨이에요.

5) 카메라예요.

6) 자켓이에요.

7) 인터넷이에요.

8) 선글라스예요.

9) 원피스예요.

10) 티셔츠예요.

11) 넥타이예요.

12) 청바지예요.

10-2

1) 오늘은 월요일이에요?

　네, 오늘은 월요일이에요.

2) 내일은 화요일이에요?

　네, 내일은 화요일이에요.

3) 민수 씨는 선생님이에요?

　네, 민수 씨는 선생님이에요.

4) 지나는 학생이에요?

　네, 지나는 학생이에요.

5) 이것은 자켓이에요?

　네, 이것은 자켓이에요.

6) 저것은 청바지예요?

　네, 저것은 청바지예요.

7) 그것은 원피스예요?

　네, 그것은 원피스예요.

8) 저 사람은 친구예요?

　네, 저 사람은 친구예요.

9) 그 사람은 의사예요?

　네, 그 사람은 의사예요.

10) 테일러는 여자예요?

　네, 테일러는 여자예요.

10-3

1) 콘서트가 언제예요?

2) 집이 어디예요?

3) 이 사람은 누구예요?

4) 무슨 책이에요?

5) 저 여자는 누구예요?

6) 화장실이 어디예요?

7) 와이파이 비밀번호가 뭐예요?

8) 커피숍이 어디예요?

9) 점심시간이 언제예요?

10) 무슨 영화예요?

11) 그 남자는 누구예요?

12) 생일이 언제예요?

10-4

1) 봄이요.

2) 여름이요.

3) 가을이요.

4) 겨울이요.

5) 저요.

6) 15살이요.

7) 두 명이요.

8) 한 시요.

Unit 11

11-1

1) 읽어요

2) 먹어요

3) 바빠요

4) 추워요

5) 마셔요

6) 가요

7) 있어요

8) 자요

9) 만나요

10) 사요

11) 없어요

12) 매워요

13) 살아요

14) 봐요

15) 일어나요

16) 공부해요

11-2

1) 선생님은 피자를 먹어요.

2) 제 친구는 한국어를 공부해요.

3) 우리는 물을 마셔요.

4) 아빠는 10시에 자요, 일어나요.

5) 엄마는 8시에 일어나요, 자요.

6) 저는 책을 읽어요.

7) 저는 서울에서 살아요.

8) 저는 프랑스에 가요.

9) 누나는 가방을 사요.

10) 저는 영화를 봐요.

11-3

1) 저는 학교에서 한국어를 공부해요.

2) 저는 도서관에 가요.

3) 저는 영국에서 살아요.

4) 어디에서 살아요?

5) 무슨 책을 읽어요?

6) 제 여자친구는 예뻐요.

7) 제 남자친구는 멋있어요.

8) 언제 아침밥을 먹어요? / 아침밥을 언제 먹어요?

9) 어떻게 도서관에 가요? / 도서관에 어떻게 가요?

10) 뭐를 마셔요?

Unit 12

12-1

1) 텔레비전을 봐요.

2) 책을 읽어요.

3) 운동을 해요.

4) 일을 해요.

6) 물을 마셔요.

12-2

1) 언제 아침밥을 먹어요?

2) 누구를 만나요?

3) 무슨 공부를 해요?

4) 뭐를 좋아해요?

5) 왜 술을 마셔요?

12-3

1) 날씨가 좋아요.

2) 기분이 나빠요.

3) 키가 커요.

4) 선생님이 가르쳐요.

5) 오빠가 운전해요.

12-4

1) 저는 한국어를 공부해요.

2) 저는 노트북을 사용해요.

3) 저는 여자친구가 필요해요.

4) 강아지가 짖어요.

5) 피터는 운동을 좋아해요.

Unit 13

13-1

1) 요리사입니까? / 요리사입니다.

2) 경찰입니까? / 경찰입니다.

3) 비서입니까? / 비서입니다.

4) 군인입니까? / 군인입니다.

5) 엔지니어입니까? / 엔지니어입니다.

6) 회사원입니까? / 회사원입니다.

7) 연예인입니까? / 연예인입니다.

8) 소방관입니까? / 소방관입니다.

13-2

1) 마십니까? / 마십니다.

2) 갑니까? / 갑니다.

3) 잡니까? / 잡니다.

4) 먹습니까? / 먹습니다.

5) 후회합니까? / 후회합니다.

6) 약속합니까? / 약속합니다.

7) 포기합니까? / 포기합니다.

8) 일합니까? / 일합니다.

13-3

1) 예쁩니까? / 예쁩니다.

2) 짭니까? / 짭니다.

3) 맵습니까? / 맵습니다.

4) 맞습니까? / 맞습니다.

5) 피곤합니까? / 피곤합니다.

6) 행복합니까? / 행복합니다.

7) 불행합니까? / 불행합니다.

8) 틀립니까? / 틀립니다.

13-4

1) 언제 옵니까?

2) 어디에 갑니까?

3) 누구를 만납니까?

4) 뭐(를) 합니까?

5) 어떻게 만듭니까?

6) 왜 포기합니까?

Unit 14

14-1

1) 안 먹어요.

2) 안 가요.

3) 안 해요.

4) 일 안해요.

5) 운동 안 해요.

6) 안 멀어요.

7) 안 친절해요.

8) 안 중요해요.

9) 안 이상해요.

10) 안 좋아해요.

14-2

1) 못 먹어요.

2) 못 가요.

3) 못 해요.

4) 못 마셔요.

5) 운동 못 해요.

14-3

1) 잘먹어요.

2) 잘 가요.

3) 잘해요.

4) 잘마셔요.

5) 운동 잘해요

14-4

1) 이 아니에요.

2) 안 멀어요.

3) 안 봤어요.

4) 이 아니에요.

5) 요리를 못해요.

6) 없어요.

14-5

1) 제 동생은 부산에 안 갔어요.

2) 저는 도서관에 안 갈 거예요.

3) 저는 중국 사람이 아니에요.

4) 저는 학생이 아니에요.

5) 저는 수영을 못 해요.

6) 저는 한국말을 잘해요.

7) 저는 영어를 못 해요.

8) 제 여자친구는 피자를 안 먹어요.

9) 저희 아빠는 요리를 잘해요.

10) 저는 안 피곤해요.

Unit 15

15-1

1) 저는 김치랑 햄버거를 먹어요.

2) 저는 고기랑 야채랑 밥을 먹어요.

3) 저는 피자랑 스파게티를 먹어요.

4) 저는 치킨이랑 불고기를 먹어요.

5) 저는 빵이랑 계란이랑 우유를 먹어요.

6) 저는 시리얼이랑 사과랑 포도를 먹어요

15-2 ex)

1) 저는 축구하고 야구를 좋아해요.

2) 저는 커피하고 주스를 좋아해요.

3) 저는 영화하고 책을 좋아해요.

4) 저는 일본하고 프랑스를 좋아해요.

6) 저는 런던하고 뉴욕을 좋아해요.

15-3 ex)

1) 저는 엄마하고 밥을 먹어요.

2) 저는 친구하고 커피를 마셔요.

3) 저는 동생하고 책을 읽어요.

4) 저는 언니하고 쇼핑을 해요.

5) 저는 오빠하고 이야기해요.

15-4 ex)

1) 저는 책을 읽어요. 그리고 엄마는 TV를 봐요.

2) 저는 물을 마셔요. 그리고 오빠는 빵을 먹어요.

3) 저는 공부를 해요. 그리고 동생은 요리를 해요.

15-5 ex)

1) 라면은 싸고 맛있어요.

2) 저는 초코우유를 마시고 오빠는 물을 마셔요.

3) 제 동생은 고등학교에 다니고 저는 대학교에 다녀요.

Unit 16

16-1

1) 찾고 있어요.

2) 듣고 있어요.

3) 씻고 있어요.

4) 일하고 있어요.

5) 마시고 있어요.

6) 고치고 있어요.

7) 기다리고 있어요.

8) 샤워하고 있어요.

9) 쇼핑하고 있어요.

15-2

1) 기다리고 있어요.

2) 마시고 있어요.

3) 고치고 있어요.

4) 듣고 있어요.

5) 씻고 있어요.

6) 읽고 있어요.

7) 살고 있어요.

8) 쇼핑하고 있어요.

9) 공부하고 있어요.

10) 보고 있어요.

16-3 ex)

1) 지금 자고 있어요?

2) 뭐 하고 있어요?

3) 무슨 커피를 마시고 있어요?

4) 친구를 기다리고 있어요?

5) 전화하고 있어요?

16-4 ex)

1) 저는 집에서 요리하고 있어요.

2) 저는 노래를 듣고 있어요.

3) 저는 책을 읽고 있어요.

4) 저는 밥을 먹고 있어요.

5) 저는 공부하고 있어요.

Unit 17

17-1

1) 쓰는 중이에요.

2) 하는 중이에요.

3) 씻는 중이에요.

4) 일하는 중이에요.

5) 충전하는 중이에요.

6) 고치는 중이에요.

7) 기다리는 중이에요.

8) 샤워하는 중이에요.

9) 요리하는 중이에요.

17-2

1) 지금 뭐 하는 중이에요?

2) 저는 지금 회사에서 일하는 중이에요.

3) 엄마는 집에서 요리하는 중이에요.

4) 저는 음악을 듣는 중이에요.

5) 동생은 책을 읽는 중이에요.

6) 언니는 도서관에서 공부하는 중이에요.

7) 저는 서울에 가는 중이에요.

8) 누나는 노래방에서 노래를 부르는 중이에요.

9) 오빠는 헬스장에서 운동하는 중이에요.

10) 저는 여자친구랑 영화를 보는 중이에요.

17-3 ex)

1) 지금 회사에서 일하는 중이에요?

2) 어디에 가는 중이에요?

3) 이거 쓰는 중이에요?

4) 공부하는 중이에요?

17-4 ex)

1) 지금 집에서 샤워하는 중이에요.

2) 지금 책을 읽는 중이에요.

3) 지금 숙제 하는 중이에요.

4) 생각하는 중이에요.

Unit 18

18-1

1) 입었어요.

2) 더웠어요.

3) 왔어요.

4) 읽었어요.

5) 봤어요.

6) 먹었어요.

7) 맛있었어요.

8) 끝났어요.

9) 마셨어요.

10) 공부했어요.

11) 샤워했어요.

12) 일어났어요.

18-2

1) 저는 미국에서 왔어요.

2) 날씨가 너무 더웠어요.

3) 영화가 일찍 끝났어요.

4) 책을 읽었어요.

5) 집에서 TV를 봤어요.

6) 비빔밥이 맛있었어요.

7) 오렌지 주스를 마셨어요.

8) 저는 호주에서 일본어를 공부했어요.

18-3

1) 저는 오늘 아침에 7시에 일어났어요.

그리고 커피를 마셨어요.

2) 저는 9시에 학교에 가요.

그래서 8시에 샤워했어요. 그리고 옷을 입었어요.

3) 저는 8시 30분에 아침밥을 먹었어요.

진짜 맛있었어요.

4) 그리고 나서 학교에 갔어요.

학교에서 한국어를 공부했어요.

18-4 ex)

1) 저는 어제 학교에 갔어요.

2) 서울에서 친구를 만났어요.

3) 친구랑 영화를 봤어요.

Unit 19

19-1 ex)

1) 우리 가족은 5명이고 수원에서 살아요.

2) 제 친구는 27살이고 한국에서 일해요.

3) 닉은 캐나다 사람이고 선생님이에요.

19-2

1) 제 여자친구는 착하고 귀여워요.

2) 한국어는 쉽고 재미있어요.

3) 제 일은 어렵고 지루해요.

4) 김밥은 싸고 맛있어요.

5) 제 남자친구는 똑똑하고 정직해요.

6) 오늘 날씨가 덥고 짜증나요.

19-3

1) 도시는 사람이 많고 복잡해요.

2) 시골은 사람이 적고 조용해요.

3) 엄마는 집에서 요리하고 청소해요.

4) 아빠는 일하고 저는 공부해요.

5) 저는 도서관에 가고 누나는 학교에 가요.

19-4

1) 스테이크는 비싸요. 그리고 맛없어요.

2) 저희 선생님은 재미있어요. 그리고 똑똑해요.

3) 공부는 어려워요. 그리고 지루해요.

4) 제 동생은 착해요. 그리고 귀여워요.

5) 저는 졸려요. 그리고 피곤해요.

Unit 20

20-1

1) 좋아서

2) 사서

3) 늦어서

4) 작아서

5) 없어서

6) 와서

7) 끝나서

8) 아파서

9) 배고파서

10) 우울해서

11) 죄송해서

12) 심심해서

20-2

1) 옷이 쌌어요. 그래서 샀어요.

2) 재미없었어요. 그래서 그냥 왔어요.

3) 배고팠어요. 그래서 힘이 없었어요.

4) 날씨가 좋았어요. 그래서 기분이 좋았어요.

5) 비가 왔어요. 그래서 우울했어요.

6) 심심했어요. 그래서 전화했어요.

20-3

1) 목소리를 듣고 싶어서 전화했어요.

2) 시간이 없어서 못 갔어요.

3) 피곤해서 안 갔어요.

4) 안경이 필요해서 샀어요.

5) 학교가 끝나서 도서관에 갔어요.

6) 돈이 없어서 못 샀어요.

20-4

1) 일찍 가서 쉬세요.

2) 사서 쓰세요.

3) 성공해서 복수하세요.

4) 요리해서 먹으세요.

Unit 21

21-1

1) 없는데

2) 많은데

3) 매운데

4) 아는데

5) 하는데

6) 좋은데

7) 마시는데

8) 사랑하는데

9) 편한데

10) 우울한데

11) 불편한데

12) 행복한데

21-2

1) 이 바지가 편해요. 그런데 디자인이 별로예요.

2) 돈이 많아요. 그런데 시간이 없어요.

3) 영어를 해요. 그런데 중국어를 못 해요.

4) 날씨가 좋아요. 그런데 우울해요.

5) 이 사람을 알아요. 그런데 저 사람을 몰라요.

6) 시간이 많아요. 그런데 돈이 없어요.

21-3

1) 스테이크는 비싼데 맛없어요.

2) 예쁜데 왜 남자친구가 없어요?

3) 행복한데 왜 안 웃어요?

4) 핸드폰은 있는데 차가 없어요.

5) 한국 음식은 매운데 맛있어요.

6) 술을 마시는데 안 좋아해요.

Unit 22

22-1

1) 씻을 거예요? 씻을 거예요.

2) 할 거예요? 할 거예요.

3) 잘 거예요? 잘 거예요.

4) 살 거예요? 살 거예요.

5) 쉴 거예요? 쉴 거예요.

6) 줄 거예요? 줄 거예요.

7) 살 거예요? 살 거예요.

8) 볼 거예요? 볼 거예요.

9) 마실 거예요? 마실 거예요.

10) 올 거예요? 올 거예요.

11) 만날 거예요? 만날 거예요.

12) 일할 거예요? 일할 거예요.

22-2

1) 저는 손을 씻을 거예요.

2) 오늘 무슨 옷을 입을 거예요?

3) 피곤해요. 그래서 오늘은 집에서 쉴 거예요.

4) 저는 영국에서 친구를 만날 거예요.

5) 배고파요. 점심시간에 샌드위치를 먹을 거예요.

6) 친구한테 생일 선물을 줄 거예요.

7) 이번 휴가에 어디에 갈 거예요?

8) 저는 오늘부터 프랑스어를 공부할 거예요.

22-3

1) 오늘 뭐 할 거예요?

2) 친구를 만날 거예요.

3) 어디에서 만날 거예요?

4) 서울에서 만날 거예요.

5. 어디에서 놀 거예요?

22-4 ex)

1) 카페에서 커피를 마실 거예요.

2) 도서관에서 공부할 거예요.

3) 노래방에서 놀 거예요.

Unit 23

23-1

1) 할게요.

2) 낼게요.

3) 잘게요.

4) 준비할게요.

5) 출발할게요.

6) 읽을게요.

7) 먹을게요.

8) 보낼게요.

9) 소개할게요.

10) 내릴게요.

11) 들게요.

12) 도울게요.

13) 전화할게요.

14) 기다릴게요.

15) 다녀올게요.

16) 들어갈게요.

17) 나갈게요.

18) 보여줄게요.

19) 사과할게요.

20) 운전할게요.

23-2

1) 저는 스파게티를 주문할게요.

2) 이따가 전화할게요.

3) 제가 들게요.

4) 제가 보여줄게요.

5) 지금 바로 보낼게요.

6) 지금 나갈게요.

23-3

1) 조금 쉴게요.

2) 차를 타고 갈게요.

3) 제가 낼게요.

4) 오늘은 제가 요리할게요.

5) 화장실에 빨리 다녀올게요.

Unit 24

24-1 ex)

1) 저는 한국에서 살아요.

2) 9시에 가요.

3) 학교에서 공부해요.

4) 1987년 8월 20일에 태어났어요.

5) 뉴질랜드에서 일해요.

24-2

1) 선생님은 2010년에 호주에 갔어요.

2) 저는 호주에서 일본어를 공부했어요.

3) 저는 제 친구랑 여름에 일본에 갔어요.

4) 일본에서 친구를 만났어요.

5) 내년에 중국에 갈 거예요.

6) 저는 중국 베이징에서 살아요.

7) 주말에 집에서 있을 거예요.

8) 언제 한국에 왔어요?

9) 저는 2012년에 베트남에서 왔어요.

10) 어디에서 친구를 만나요?

11) 학교에 가고 있어요.

12) 여름에 말레이시아에 갈 거예요.

13) 일요일에 영화관에서 영화를 볼 거예요.

14) 어디에서 왔어요?

24-3

1) 저는 학교에서 한국어를 공부해요.

2) 저는 도서관에 가고 있어요.

3) 저는 러시아에서 살아요.

4) 커피숍에서 커피를 마셨어요.

5) 2015년에 한국에 가요.

6) 저는 학교에서 친구랑 공부했어요.

7) 제 동생이랑 저는 11월에 호주에 가요.

8) 저희 아빠는 매일 아침에 신문을 봐요.

9) 저희 언니는 10시에 일어나요.

10) 크리스마스에 하와이에서 봐요.

Unit 25

25-1

1) 아침부터

2) 오전부터

3) 버스 정류장에서

4) 사장님한테

5) 점심부터

6) 오후부터

7) 친구한테

8) 언제부터

9) 저녁부터

10) 밤부터

11) 지하철 역에서

12) 할머니한테

25-2

1) 오늘부터 운동할 거예요.

2) 지금부터 다이어트할 거예요.

3) 여기에서 집까지 가까워요?

4) 여기에서 버스정류장까지 몇 분 정도 걸려요?

5) 월요일부터 금요일까지 일해요.

6) 미국, 어디에서 왔어요?

7) 어제 6시부터 12시까지 잤어요.

8) 지하철역까지 얼마나 걸려요?

9) 사장님한테 욕을 먹었어요.

8) 선생님한테 혼났어요.

25-3

1) 몇 시부터 몇 시까지 공부했어요?

2) 3시부터 11시까지 공부했어요.

3) 여기에서 강남까지 얼마예요?

4) 강남까지 10,000원이에요.

5) 인천에서 서울까지 얼마나 걸려요?

6) 서울까지 30분 정도 걸려요.

7) 지금부터 언제까지 잘 거예요?

8) 지금부터 5시까지 잘 거예요.

9) 어디에서 왔어요?

10) 싱가포르에서 왔어요.

25-4 ex)

1) 한국에서 영국까지 13시간 정도 걸려요.

2) 호주에서 한국까지 10시간 정도 걸려요.

Unit 26

26-1

1) 20살이 되고 나서

2) 영화를 보고 나서

3) 일하고 나서

4) 끝나고 나서

5) 읽고 나서

6) 다녀오고 나서

26-2

1) 마신 다음에

2) 만난 다음에

3) 화장한 다음에

4) 청소한 다음에

5) 샤워한 다음에

6) 도착한 다음에

26-3

1) 숙제한 후에

2) 본 후에

3) 외운 후에

4) 사용한 후에

5) 살을 뺀 후에

6) 준비한 후에

Unit 27

27-1 ex)

1) 일하기 전에 전화할게요.

2) 끝나기 전에 알려줄게요.

3) 기다리는 동안 커피를 드실래요?

4) 먹는 동안 기다려 주세요.

27-2

1) 기 전에

2) 기 전에

3) 기 전에

4) 기 전에

5) 는 동안

6) 는 동안

7) 기 전에

8) 기 전에

9) 는 동안

10) 기 전에

27-3

1) 몇 시간 동안 기다렸어요?

2) 일주일 전에 결혼했어요.

3) 몇 년 전에 샀어요?

4) 10년 전에 왔어요.

5) 3일 동안 머물렀어요.

Unit 28

28-1

1) 오자마자

2) 듣자마자

3) 일어나자마자

4) 마시자마자

5) 만들자마자

6) 시작하자마자

7) 나가자마자

8) 출발하자마자

9) 답장하자마자

28-2

1) 출발하자마자 비가 왔어요.

2) 사자마자 고장났어요.

3) 만지자마자 망가졌어요.

4) 도착하자마자 연락했어요.

5) 받자마자 답장했어요.

6) 보자마자 반했어요.

7) 나가자마자 만났어요.

8) 찾자마자 잃어버렸어요.

9) 사자마자 후회했어요.

28-3 ex)

1) 만나자마자 헤어졌어요.

2) 읽자마자 잠들었어요.

3) 먹자마자 토했어요.

4) 사자마자 환불했어요.

5) 보자마자 울었어요.

6) 잃어버리자마자 신고했어요.

7) 싸우자마자 맞았어요.

Unit 29

29-1

1) 보고 싶어요.

2) 팔고 싶어요.

3) 알고 싶어요.

4) 노래를 듣고 싶어요.

5) 사진을 찍고 싶어요.

6) 그림을 그리고 싶어요.

7) 이기고 싶어요.

8) 만들고 싶어요.

9) 연습하고 싶어요.

29-2

1) 어디에서 쇼핑하고 싶어요?
명동에서 쇼핑하고 싶어요.

2) 언제 결혼하고 싶어요? 내년에 결혼하고 싶어요.

3) 뭐를 먹고 싶어요? 치킨을 먹고 싶어요.

4) 여행하고 싶어요? 네. 여행하고 싶어요.

5) 누구를 만나고 싶어요? 친구를 만나고 싶어요.

6) 뭐를 배우고 싶어요? 기타를 배우고 싶어요.

29-3 ex)

1) 저는 한국에서 영어를 가르치고 싶어요.

2) 저는 헬리콥터를 사고 싶어요.

3) 저는 영화를 보고 싶어요.

4) 저는 쉬고 싶어요.

29-4 ex)

1) 어제 친구를 만나고 싶었어요.

2) 저는 주말에 캠핑 가고 싶었어요.

3) 쇼핑하고 싶었어요.

4) 자전거를 타고 싶었어요.

Unit 30

30-1

1) 보내기 싫어요.

2) 떠나기 싫어요.

3) 돌아가기 싫어요.

4) 일하기 싫어요.

5) 공부하기 싫어요.

6) 목욕하기 싫어요.

7) 지기 싫어요.

8) 노래하기 싫어요.

9) 생각하기 싫어요.

30-2

1) 뛰고 싶어요? 아니요, 뛰기 싫어요.

2) 걷고 싶어요? 아니요, 걷기 싫어요.

3) 씻고 싶어요? 아니요, 씻기 싫어요.

4) 일어나고 싶어요? 아니요, 일어나기 싫어요.

5) 싸우고 싶어요? 아니요, 싸우기 싫어요.

6) 알고 싶어요? 아니요, 알기 싫어요.

30-3 ex)

1) 저는 공부하기 싫어요.

2) 학교에 다니기 싫어요.

3) 운동하기 싫어요.

4) 일하기 싫어요.

30-4 ex)

1) 어제 친구를 만나기 싫었어요

2) 보기 싫었어요.

3) 기다리기 싫었어요.

4) 운동하기 싫었어요.

5) 일하기 싫었어요.

Unit 31
31-1

1) 해 주세요.

2) 사 주세요.

3) 싸 주세요.

4) 포장해 주세요.

5) 요리해 주세요.

6) 열어 주세요.

7) 안아 주세요.

8) 보내 주세요.

9) 소개해 주세요.

10) 확인해 주세요.

11) 들어 주세요.

12) 닫아 주세요.

13) 빌려 주세요.

14) 가르쳐 주세요.

15) 키스해 주세요.

16) 환불해 주세요.

17) 교환해 주세요.

18) 기다려 주세요.

19) 전화해 주세요.

20) 약속해 주세요.

31-2

1) 가 주세요.

2) 사 주세요.

3) 닫아 주세요.

4) 교환해 주세요.

5) 기다려 주세요.

6) 가르쳐 주세요.

7) 찾아 주세요.

8) 열어 주세요.

31-3 ex)

1) 펜을 빌려 주세요.

2) 사진을 찍어 주세요.

3) 핸드폰을 빌려 주세요.

4) 친구를 소개해 주세요.

Unit 32
32-1

1) 켜 주시겠어요?

2) 꺼 주시겠어요?

3) 확인해 주시겠어요?

4) 들어 주시겠어요?

5) 잡아 주시겠어요?

6) 바꿔 주시겠어요?

7) 기다려 주시겠어요?

8) 빌려 주시겠어요?

9) 도와주시겠어요?

10) 말씀해 주시겠어요?

11) 배달해 주시겠어요?

12) 충전해 주시겠어요?

32-2

1) 선풍기를 켜 주시겠어요?

2) 에어컨을 꺼 주시겠어요?

3) 바꿔 주시겠어요?

4) 천천히 말씀해 주시겠어요?

5) 100원만 빌려 주시겠어요?

6) 들어 주시겠어요?

7) 보여 주시겠어요?

8) 충전해 주시겠어요?

32-3 ex)

1) 이 음식을 싸 주시겠어요?

2) 핸드폰 번호를 알려주시겠어요?

3) 시끄러워요. 조용해 주시겠어요?

Unit 33

33-1

1) 써야 돼요.

2) 타야 돼요.

3) 이겨야 돼요.

4) 찾아야 돼요.

5) 일어나야 돼요.

6) 성공해야 돼요.

7) 준비해야 돼요.

8) 연습해야 돼요.

9) 도착해야 돼요.

33-2

1) 써야 돼요, 써야 돼요

2) 해야 돼요, 만나야 돼요

3) 공부해야 돼요, 공부해야 돼요

4) 타야 돼요, 타야 돼요

5) 가야 돼요, 가야 돼요

6) 이겨야 돼요

33-3

1) 가야 돼요

2) 일어나야 돼요, 도착해야 돼요

3) 타야 돼요

4) 찾아야 돼요

5) 준비해야 돼요

33-4 ex)

1) 오늘 은행에 가야 돼요.

2) 내일 병원에 가야 돼요.

3) 주말에 일해야 돼요.

4) 친구를 만나야 돼요.

Unit 34

34-1

1) 시간

2) 집

3) 병원

4) 휴일

5) 일찍

6) 공항

7) 술

8) 영어

9) 안경

10) 물

11) 꿈

12) 시험

34-2

1) 안 자도 돼요.

2) 안 만나도 돼요.

3) 안 이겨도 돼요.

4) 안 찾아도 돼요.

5) 안 일어나도 돼요.

6) 안 해도 돼요.

7) 일 안 해도 돼요.

8) 안 돌아가도 돼요.

9) 안 기다려도 돼요.

34-3

1) 안 마셔도 돼요.

2) 안 해도 돼요.

3) 공부 안 해도 돼요.

4) 안 가도 돼요.

5) 안 일어나도 돼요.

6) 일 안 해도 돼요.

34-4 ex)

1) 공항에 안 가도 돼요.

2) 안 먹어도 돼요.

3) 영화를 안 봐도 돼요.

4) 안 자도 돼요.

Unit 35

35-1
1) 열어도 돼요.
2) 닫아도 돼요.
3) 앉아도 돼요.
4) 버려도 돼요.
5) 가지고 와도 돼요.
6) 가지고 가도 돼요.
7) 전화해도 돼요.
8) 사용해도 돼요.
9) 취소해도 돼요.

35-2
1) 전화해도 돼요, 전화해도 돼요
2) 닫아도 돼요, 닫아도 돼요
3) 열어도 돼요, 열어도 돼요
4) 사용해도 돼요, 사용해도 돼요
5) 버려도 돼요, 버려도 돼요
6) 가져가도 돼요, 가져가도 돼요

35-3
1) 마셔도 돼요?
네, 마셔도 돼요.
2) 먹어도 돼요?
네, 먹어도 돼요.
3) 사도 돼요?
네, 사도 돼요.
4) 취소해도 돼요?
네, 취소해도 돼요.
5) 봐도 돼요?
네, 봐도 돼요.
6) 가도 돼요?
네, 가도 돼요.
7) 앉아도 돼요?
네, 앉아도 돼요.

Unit 36

36-1
1) 열면 안 돼요.
2) 떠들면 안 돼요.
3) 사진을 찍으면 안 돼요.
4) 만지면 안 돼요.
5) 데리고 오면 안 돼요.
6) 데리고 가면 안 돼요.
7) 움직이면 안 돼요.
8) 보여주면 안 돼요.
9) 소리를 지르면 안 돼요.

36-2
1) 지금 들어가면 안 돼요? 들어와도 돼요.
2) 사면 안 돼요? 사도 돼요.
3) 쓰면 안 돼요? 써도 돼요.
4) 사진을 찍으면 안 돼요? 찍어도 돼요.
5) 열면 안 돼요? 열어도 돼요.

36-3
1) 여기에서 자면 안 돼요.
2) 교실에서 노래하면 안 돼요?
3) 도서관에서 이야기하면 안 돼요.
4) 제 컴퓨터를 사용하면 안 돼요.
5) 지하철에서 떠들면 안 돼요.

36-4 ex)
1) 지각하면 안 돼요.
2) 비밀을 말하면 안 돼요.
3) 쓰레기를 버리면 안 돼요.
4) 계단에서 뛰면 안 돼요.

Unit 37

37-1
1) 볼래요?
2) 올래요?
3) 구경할래요?
4) 사귈래요?
5) 소풍갈래요?
6) 쇼핑할래요?
7) 갈래요?
8) 마실래요?
9) 게임할래요?

37-2
1) 할래요?
2) 쇼핑할래요?
3) 게임할래요?
4) 쉴래요?

37-3
1) 구경할래요?
2) 만날래요?
3) 커피를 마실래요?
4) 저랑 사귈래요?
5) 소풍갈래요?

37-4 ex)
1) 커피를 마실래요, 아니면 맥주를 마실래요?
2) 영화를 볼래요?
3) 게임할래요?
4) 공부할래요?
5) 쇼핑할래요?

Unit 38

38-1
1) 탈까요?
2) 떠날까요?
3) 춤을 출까요?
4) 배울까요?
5) 숙제할까요?
6) 이야기할까요?
7) 노래할까요?
8) 잡을까요?
9) 결혼할까요?

38-2
1) 할까요?
2) 볼까요?
3) 갈까요?
4) 만날까요?

38-3
1) 구경할까요?
2) 같이 배울까요?
3) 수영장에 갈까요?
4) 밥을 먹을까요?
5) 같이 숙제할까요?

38-4 ex)
1) 도서관에 갈까요?
2) 같이 노래할까요?
3) 어디에서 만날까요?
4) 언제 밥을 먹을까요?
5) 뭐 할까요?

Unit 39

39-1
1) 쉬는게 어때요?
2) 뛰는게 어때요?
3) 잊는게 어때요?
4) 여는게 어때요?
5) 짓는게 어때요?
6) 쓰는게 어때요?
7) 배우는게 어때요?
8) 닫는게 어때요?
9) 버는게 어때요?
10) 켜는게 어때요?
11) 끄는게 어때요?
12) 부탁하는게 어때요?

39-2 ex)
1) 이태원에서 만나는게 어때요?
2) 샤부샤부를 먹는게 어때요?
3) 바다에 가는게 어때요?
4) 100,000원에 파는게 어때요?
5) 집에서 노는게 어때요?
6) 액션영화를 보는게 어때요?
7) 코트를 사는게 어때요?
8) 아빠한테 부탁하는게 어때요?

39-3 ex)
1) 미국에 가고 싶어요? 그럼, 영어를 공부하는게 어때요?
2) 요리를 잘하고 싶어요? 그럼, 요리를 배우는게 어때요?
3) 중국어를 하고 싶어요? 그럼, 공부하는게 어때요?
4) 부자가 되고 싶어요? 그럼, 열심히 일하는게 어때요?
5) 건강하고 싶어요? 그럼, 운동하는게 어때요?
6) 여행하고 싶어요? 그럼, 돈을 모으는게 어때요?

Unit 40

40-1
1) 잘걸요?
2) 할걸요?
3) 쉬울걸요?
4) 열걸요?
5) 착할걸요?
6) 어려울걸요?
7) 돌아올걸요?
8) 시원할걸요?
9) 충분할걸요?

40-2
1) (아마) 갈걸요?
2) (아마) 있을걸요?
3) (아마) 독일에서 일할걸요?
4) (아마) 없을걸요?
5) (아마) 많을걸요?

40-3
1) (아마) 끝났을걸요?
2) (아마) 시작했을걸요?
3) (아마) 결혼했을걸요?
4) (아마) 취직했을걸요?
5) (아마) 열었을걸요?

40-4
1) (아마) 오고 있을걸요?
2) (아마) 자고 있을걸요?
3) (아마) 일하고 있을걸요?
4) (아마) 공부하고 있을걸요?
5) (아마) 데이트하고 있을걸요?

Unit 41

41-1
1) 탈 수 있어요.
2) 읽을 수 있어요.
3) 할 수 있어요.
4) 만들 수 있어요.
5) 요리할 수 있어요.
6) 일어날 수 있어요.
7) 이해할 수 있어요.
8) 그림을 그릴 수 있어요.
9) 운전할 수 있어요.

41-2 ex)
1) 네, 프랑스어를 할 수 있어요. / 아니요, 못 해요.
2) 네, 일찍 일어날 수 있어요. / 아니요, 못 일어나요.
3) 네, 운전할 수 있어요. / 아니요, 운전 못 해요.

41-3
1) 스케이트보드를 탈 수 있어요?
네, 스케이트보드를 탈 수 있어요. / 아니요, 못 타요.
2) 한국말을 할 수 있어요?
네, 한국말을 할 수 있어요. / 아니요, 못 해요.
3) 버스를 운전할 수 있어요?
네, 버스를 운전할 수 있어요. / 아니요, 운전 못 해요.
4) 중국 음식을 요리할 수 있어요?
네, 중국 음식을 요리할 수 있어요. / 아니요, 요리 못 해요.
5) 그림을 그릴 수 있어요?
네, 그림을 그릴 수 있어요. / 아니요, 못 그려요.

41-4 ex)
1) 한국 노래를 할 수 있어요.
2) 요리할 수 있어요.
3) 춤을 출 수 있어요.
4) 영어를 할 수 있어요.
5) 한국어를 가르칠 수 있어요.

Unit 42

42-1
1) 고칠 줄 알아요.
2) 주문할 줄 알아요.
3) 할 줄 알아요.
4) 칠 줄 알아요.
5) 수영할 줄 알아요.
6) 쓸 줄 알아요.
7) 사용할 줄 알아요.
8) 노래할 줄 알아요.
9) 연주할 줄 알아요.

42-2
1) 네, (한국어로) 주문할 줄 알아요 or 몰라요.
2) 네, (샌드위치를) 만들 줄 알아요 or 몰라요.
3) 네, (바이올린을) 연주할 줄 알아요 or 몰라요

42-3
1) 스키를 탈 줄 알아요?
네, 저는 스키를 탈 줄 알아요
/아니요, 저는 스키를 탈 줄 몰라요.
2) 한국어를 할 줄 알아요?
네, 저는 한국어를 할 줄 알아요.
/아니요, 저는 한국어를 할 줄 몰라요.
3) 스노우보드를 탈 줄 알아요?
네, 저는 스노우보드를 탈 줄 알아요.
/아니요, 저는 스노우보드를 탈 줄 몰라요.
4) 수영할 줄 알아요?
네, 저는 수영을 할 줄 알아요.
/아니요, 저는 수영을 할 줄 몰라요.
5) 드럼을 칠 줄 알아요?
네, 저는 드럼을 칠 줄 알아요.
/아니요, 저는 드럼을 칠 줄 몰라요.

42-4 ex)

1) 컴퓨터를 할 줄 알아요.

2) 테니스를 칠 줄 알아요.

3) 사진을 찍을 줄 알아요.

4) 스키를 탈 줄 알아요.

5) 한국 음식을 요리할 줄 알아요.

Unit 43

43-1

1) 한복을 입어 본 적이 있어요?

2) 여자친구를 사귀어 본 적이 있어요?

3) 돈을 빌려 본 적이 있어요?

4) 아르바이트를 해 본 적이 있어요?

5) 여권을 잃어버려 본 적이 있어요?

6) 오토바이를 타 본 적이 있어요?

7) 영국에서 여행해 본 적이 있어요?

8) 바다에서 수영해 본 적이 있어요?

9) 집에서 쫓겨나 본 적이 있어요?

10) 피아노를 쳐 본 적이 있어요?

43-2

1) 사귀어 본 적이 없어요.

2) 수영을 해 본 적이 없어요.

3) 데이트를 해 본 적이 없어요.

4) 입어본 적이 없어요.

5) 빌려본 적이 없어요.

6) 잃어버려 본 적이 없어요.

7) 쫓겨나 본 적이 없어요.

8) 다이어트를 해 본 적이 없어요.

9) 생각해 본 적이 없어요.

43-3 ex)

1) 필리핀에 가 본 적이 있어요.

2) 그 드라마를 본 적이 있어요.

3) 개를 키워 본 적이 있어요.

4) 무대에서 춤(을) 춰 본 적이 있어요.

5) 담배를 피워 본 적이 있어요.

Unit 44

44-1

1) 비빔밥을 먹어 봤어요?

2) 해리포터를 읽어 봤어요?

3) 홍콩에 가 봤어요?

4) 비행기를 타 봤어요?

5) 드레스를 입어 봤어요?

6) 친구하고 싸워 봤어요?

7) 영어를 가르쳐 봤어요?

8) 노래를 들어 봤어요?

9) 핸드폰을 잃어버려 봤어요?

10) 커피를 마셔 봤어요?

44-2

1) 네, 태국에 가 봤어요.

/아니요, 태국에 안 가 봤어요.

2) 네, 운전해 봤어요.

/아니요, 운전 안 해 봤어요.

3) 네, 잃어버려 봤어요.

/아니요, 안 잃어버려 봤어요.

4) 네, 해 봤어요.

/아니요, 안 해 봤어요.

5) 네, 마셔 봤어요.

/아니요, 안 마셔 봤어요.

6) 네, 타 봤어요.

/아니요, 안 타 봤어요.

44-3 ex)

1) 일본에 가 봤어요.

2) 캠핑해 봤어요.

3) 핸드폰을 잃어버려 봤어요.

4) 바다에서 수영해 봤어요.

5) 오토바이를 타 봤어요.

Unit 45

45-1

1) 해 봐요.
2) 찾아 봐요.
3) 보내 봐요.
4) 웃어 봐요.
5) 만나 봐요.
6) 마셔 봐요.

45-2

1) 먹어 보고 싶어요.
2) 타 보고 싶어요.
3) 사랑해 보고 싶어요.
4) 해 보고 싶어요.
5) 만들어 보고 싶어요.
6) 도전해 보고 싶어요.

45-3

1) 가 보세요.
2) 말해 보세요.
3) 생각해 보세요.
4) 해 보세요.
5) 입어 보세요.
6) 노래해 보세요.

45-4

1) 해 봐도 돼요?
2) 입어 봐도 돼요?
3) 마셔 봐도 돼요?
4) 물어 봐도 돼요?
5) 만져 봐도 돼요?
6) 써 봐도 돼요?

45-5

1) 가 볼까요?
2) 먹어 볼까요?
3) 연습해 볼까요?
4) 해 볼까요?
5) 신청해 볼까요?
6) 시작해 볼까요?

45-6

1) 해 볼게요.
2) 고쳐 볼게요.
3) 고백해 볼게요.
4) 물어 볼게요.
5) 찾아 볼게요.
6) 이해해 볼게요.

Unit 46
46-1

1) 춥네요.
2) 덥네요.
3) 쉽네요.
4) 그립네요.
5) 예쁘네요.
6) 귀엽네요.
7) 간단하네요.
8) 대단하네요.
9) 불쌍하네요

46-2

1) 왔네요.
2) 있었네요.
3) 샀네요.
4) 찾았네요.
5) 버렸네요.
6) 잘했네요.
7) 도망갔네요.
8) 연습했네요.
9) 실수했네요.

46-3

1) 비싸네요

2) 대단하네요

3) 귀엽네요

4) 잘하네요

5) 어리네요

6) 없네요

46-4 ex)

1) 밖에 눈이 오네요!

2) 배부르네요!

3) 춥네요!

4) 덥네요!

5) 비싸네요!

Unit 47

47-1

1) 춥죠?

2) 덥죠?

3) 쉽죠?

4) 같죠?

5) 어렵죠?

6) 비싸죠?

7) 귀엽죠?

8) 다르죠?

9) 간단하죠?

10) 대단하죠?

11) 복잡하죠?

12) 많죠?

47-2

1) 쉽죠? - 3

2) 시끄럽죠? - 4

3) 피곤하죠? - 1

4) 배고프죠? - 2

5) 같죠? - 5

47-3

1) 어제 밤에 여자랑 강남역에 갔죠?

2) 손을 잡았죠?

3) 돌아다녔죠?

4) 만났죠?

5) 술을 마셨죠?

6) 사진을 찍었죠?

47-4

1) 다음 주에 한국에 올 거죠?

2) 여행할거죠?

3) 숙제할거죠?

4) 배울거죠?

5) 기억할거죠?

6) 연습할거죠?

Unit 48

48-1

1) 큰 개

2) 많은 사람

3) 맛있는 음식

4) 착한 남자

5) 더러운 집

6) 친한 친구

7) 이상한 냄새

8) 깨끗한 방

9) 똑똑한 선생님

48-2

1) 가는 데

2) 만나는 사람

3) 일하는 남자

4) 파는 친구

5) 청소하는 누나

6) 요리하는 엄마

48-3

1) 먹은 음식
2) 버린 쓰레기
3) 마신 여자
4) 졸업한 학생
5) 예약한 손님
6) 결혼한 남자

48-4

1) 맛있는
2) 친한
3) 예쁜
4) 큰
5) 차가운
6) 거짓말하는
7) 일하는
8) 있는
9) 조용한
10) 꿈이 있는

48-5 ex)

1) 멋있는 사람이 되고 싶어요.
2) 조용한 곳에 가고 싶어요.
3) 깨끗한 집에서 살고 싶어요.
4) 여기는 제가 졸업한 학교예요.
5) 저는 친한 친구가 3명 있어요.

Unit 49

49-1

1) 예쁜 것 같아요.
2) 비싼 것 같아요.
3) 큰 것 같아요.
4) 걸릴 것 같아요.
5) 늦을 것 같아요.
6) 도착할 것 같아요.
7) 실수한 것 같아요.
8) 싸운 것 같아요.
9) 쳐다본 것 같아요.
10) 초등학생인 것 같아요.
11) 중학생인 것 같아요.
12) 고등학생인 것 같아요.
13) 대학생인 것 같아요.
14) 20살인 것 같아요.
15) 외국인인 것 같아요.

49-2

1) 늦을 것 같아요.
2) 어느 정도 늦을 것 같아요?
3) 1시간 정도 늦을 것 같아요.
4) 지금 어디예요?
5) 얼마나 걸릴 것 같아요?
6) 한 10분 후에 도착할 것 같아요.
7) 예쁜 것 같아요.
8) 비싼 것 같아요.
9) 큰 것 같아요.
10) 싸운 것 같아요.
11) 쳐다본 것 같아요.
12) 실수한 것 같아요.

Unit 50

50-1

1) 쉬세요.

2) 타세요.

3) 버리세요.

4) 참으세요.

5) 쓰세요.

6) 사세요.

7) 질문하세요.

8) 돌아오세요.

9) 파세요.

10) 청소하세요.

11) 배우세요.

12) 기다리세요.

50-2

1) 머리가 아파요.

- 집에서 쉬세요.

2) 여기에 쓰레기가 많은데 어떻게 해요?

- 쓰레기통에 버리세요.

3) 이거 잘 모르겠어요.

- 선생님한테 질문하세요.

4) 지금 강남에 가는데 무슨 버스를 타야 돼요?

-1550-1번 버스를 타세요.

5) 저 사람이랑 싸우고 싶어요.

- 참으세요.

50-3

1) 한국이 싫으면 하와이에서 사세요.

2) 여기에 이름을 쓰세요.

3) 서두르지 마세요. 천천히 하세요.

4) 자기 전에 이를 닦으세요.

5) 지금 가고 있어요. 조금만 기다리세요.

6) 중국어를 배우고 싶으면 배우세요.

7) 방이 너무 더러워요. 청소하세요.

Unit 51

51-1

1) 밀지 마세요.

2) 참지 마세요.

3) 베끼지 마세요.

4) 바꾸지 마세요.

5) 떠들지 마세요.

6) 싸우지 마세요.

7) 걱정하지 마세요.

8) 기대하지 마세요.

9) 그만두지 마세요.

10) 만지지 마세요.

11) 듣지 마세요.

12) 담배를 피우지 마세요.

51-2

1) 힘들어요. 쉬고 싶어요.

- 겨우 10분 지났어요. 쉬지 마세요.

2) 제 컴퓨터를 바꾸고 싶어요.

- 요즘 컴퓨터가 비싸요. 바꾸지 마세요.

3) 맛이 없어요.

- 그럼 먹지 마세요.

4) 일을 그만두고 싶어요.

- 조금만 더 참으세요. 그만두지 마세요.

5) 저는 도시가 싫어요.

- 그럼 도시에서 살지 마세요.

51-3

1) 걱정하지 마세요.

2) 담배를 피우지 마세요.

3) 기다리지 마세요.

4) 떠들지 마세요.

5) 밀지 마세요.

6) 그럼 하지 마세요.

Unit 52

52-1

1) 냄새나니까 씻으세요.
2) 추우니까 집에 있으세요.
3) 오늘 더우니까 자켓을 입지 마세요.
4) 더러우니까 만지지 마세요.
5) 피곤하니까 빨리 끝내세요.
6) 괜찮으니까 천천히 오세요.

52-2

1) 좋으니까
2) 오니까
3) 필요하니까
4) 좋으니까
5) 아프니까
6) 남으니까
7) 맛없으니까
8) 위험하니까
9) 뜨거우니까
10) 비싸니까
11) 무거우니까
12) 피곤하니까

52-3

1) 왔으니까
2) 취했으니까
3) 끝났으니까
4) 탔으니까
5) 시작했으니까

Unit 53

53-1

1) 괜찮으세요?
2) 읽으세요?
3) 아세요?
4) 사실 거예요?
5) 드실 거예요?
6) 주무실 거예요?
7) 주무셨어요?
8) 받으셨어요?
9) 보셨어요?
10) 오고 계세요? / 오시고 계세요
11) 읽고 계세요? / 읽으시고 계세요
12) 하고 계세요? / 하시고 계세요
13) 가시고 싶어요? / 가시고 싶으세요?
14) 드시고 싶어요? / 드시고 싶으세요?
15) 보시고 싶어요? / 보고 싶으세요?
16) 생각해 보셨어요?
17) 마셔 보셨어요?
18) 가 보셨어요?
19) 결혼하셔야 돼요.
20) 일하셔야 돼요.
21) 사셔야 돼요.
22) 똑똑하신 것 같아요.
23) 귀여우신 것 같아요.
24) 예쁘신 것 같아요.
25) 요리하실 수 있어요/있으세요?
26) 설명하실 수 있어요/있으세요?
27) 운전하실 수 있어요/있으세요?
28) 드셔도 돼요.
29) 쓰셔도 돼요.
30) 보셔도 돼요.
31) 예약하시려고요?
32) 예매하시려고요?
33) 가시려고요?

Unit 54

54-1

1) 쉬워 보여요.

2) 커 보여요.

3) 작아 보여요.

4) 매워 보여요.

5) 짜 보여요.

6) 늙어 보여요.

7) 어려워 보여요.

8) 더러워 보여요.

9) 힘들어 보여요.

10) 맛있어 보여요.

11) 어려 보여요.

12) 무거워 보여요.

13) 뚱뚱해 보여요.

14) 깨끗해 보여요.

15) 피곤해 보여요.

16) 날씬해 보여요.

17) 멍청해 보여요.

18) 중요해 보여요.

54-2

1) 무거워

2) 피곤해

3) 힘들어

4) 뚱뚱해

5) 더러워

6) 커

54-3

1) 제가 학생 같아 보여요?

2) 연예인 같아 보여요.

3) 매워 보여요.

4) 맛있어 보여요.

5) 키가 꽤 커 보여요.

Unit 55

55-1

1) 보러 갔어요.

2) 사러 갔어요.

3) 놀러 갔어요.

4) 찾으러 갔어요.

5) 일하러 갔어요.

6) 공부하러 갔어요

55-2

1) 바꾸러 왔어요.

2) 받으러 왔어요.

3) 만나러 왔어요.

4) 주러 왔어요.

5) 마시러 왔어요.

6) 가르치러 왔어요.

55-3

1) 교환하러 갔다 올게요.

2) 찾으러 갔다 올게요.

3) 빌리러 갔다 올게요.

4) 받으러 갔다 올게요.

5) 장을 보러 갔다 올게요.

6) 씻으러 갔다 올게요.

55-4

1) 호주에 일본어를 공부하러 갔어요.

2) 영화를 보러 가요.

3) (서점에) 책을 사러 갔어요.

4) 핸드폰을 찾으러 왔어요.

5) 갈비를 먹으러 갈 거예요.

55-5 ex)

1) 도서관에 공부하러 갈 거예요.

2) 일본에 스시를 먹으러 가고 싶어요.

3) 한국에 일하러 왔어요.

4) 지금 만나러 갈게요.
Unit 56

56-1
1) 공원에서 타려고요.
2) 여자친구한테 주려고요.
3) 읽으려고요.
4) 카메라를 사려고요.
5) 떠나려고요.
6) 먹고 살려고요.

56-2
1) 건강하려고 운동해요.
2) 취하려고 술을 마셔요.
3) 여행하려고 돈을 벌어요.
4) 취직하려고 영어를 공부해요.
5) 부탁하려고 전화했어요.
6) 먹고 살려고 배웠어요.

56-3
1) 일찍 자려고 했는데 못 잤어요.
2) 숙제하려고 했는데 못 했어요.
3) 주려고 했는데 못 줬어요.
4) 가려고 했는데 못 갔어요.
5) 주문하려고 했는데 못 했어요.
6) 돈을 모으려고 했는데 못 모았어요.

Unit 57

57-1
1) 심심할 때 뭐 해요?
2) 어릴 때 꿈이 뭐였어요?
3) 먹을 때 말하지 마세요.
4) 중국에서 살 때 중국어를 공부했어요.
5) 요리할 때 행복해요.
6) 일할 때 필요해요.
7) 쇼핑할 때 어디에 가요?

57-2 ex)
1) 학교에 다닐 때 학교를 싫어했어요.
2) 여행할 때 카메라가 필요해요.
3) 출발할 때 전화해요.
4) 운전할 때 핸드폰을 쓰지 마세요.
5) 바쁠 때 전화하지 마세요.
6) 학생 때 공부를 못했어요.
7) 텔레비전을 볼 때 방해하지 마세요.
8) 사진을 찍을 때 움직이지 마세요.

57-3 ex)
1) 저는 노래를 부를 때 행복해요.
2) 어릴 때 운동을 잘 했어요.
3) 영어를 가르칠 때 재밌어요.
4) 노래를 들을 때 행복해요.
5) 심심할 때 전화할게요.
6) 일할 때 전화하지 마세요.
7) 필요할 때 말해 주세요.
8) 집에 갈 때 가지고 가세요.

Unit 58

58-1
1) 가면
2) 받으면
3) 심심하면
4) 매우면
5) 벌면
6) 있으면
7) 도착하면

58-2 ex)
1) 싸면 사고, 비싸면 사지 마세요.
2) 비싸면 안 사도 돼요.
3) 남자친구가 있으면 피곤해요.
4) 여자친구가 없으면 외로워요.
5) 전 여자친구가 그리우면 전화하세요.

6) 추우면 두꺼운 옷을 입으세요.

7) 더우면 옷을 벗으세요.

8) 제 핸드폰을 찾으면 꼭 연락해 주세요.

58-3 ex)

1) 남자친구가 보고싶으면 지금 전화하세요.

2) 샤워하면 기분이 좋아요.

3) 운동하면 건강할 수 있어요.

4) 담배를 피우면 건강에 안 좋아요.

5) 사랑하면 결혼하세요.

6) 좋아하면 고백하세요.

7) 언어를 잘하고 싶으면 그 언어에 관심을 가지세요.

8) 키가 크고 싶으면 우유를 마시세요.

Unit 59

59-1

1) 배우래요? 배우래요.

2) 작가래요? 작가래요.

3) 모델이래요? 모델이래요.

4) 사업가래요?사업가래요.

5) 디자이너래요? 디자이너래요.

6) 회계사래요? 회계사래요.

7) 깡패래요? 깡패래요.

8) 예술가래요? 예술가래요.

59-2

1) 깨끗하대요? 깨끗하대요.

2) 더럽대요? 더럽대요.

3) 슬프대요? 슬프대요.

4) 기쁘대요? 기쁘대요.

59-3

1) 재미있었대요? 재미있었대요.

2) 재미없었대요? 재미없었대요.

3) 시끄러웠대요? 시끄러웠대요.

4) 조용했대요? 조용했대요.

59-4

1) 위험할거래요? 위험할거래요.

2) 안전할거래요? 안건할거래요.

3) 같을거래요? 같을거래요.

4) 다를거래요? 다를거래요.

59-5

1) 온대요? 온대요.

2) 본대요? 본대요.

3) 일한대요? 일한대요.

4) 모른대요? 모른대요.

59-6

1) 있었대요? 있었대요.

2) 없었대요? 없었대요.

3) 결혼했대요? 결혼했대요.

4) 이혼했대요? 이혼했대요

59-7

1) 마실 거래요? 마실 거래요.

2) 먹을 거래요? 먹을 거래요.

3) 잊을 거래요? 잊을 거래요.

4) 기억할 거래요? 기억할 거래요.

Final Test 1

1) B	29) B, D	57) C	85) B
2) D, A	30) D, A	58) B	86) D
3) A, E	31) D	59) D	87) C
4) C	32) B	60) D	88) C
5) B	33) C	61) C	89) B
6) C	34) B	62) B	90) B
7) A	35) A	63) B	91) D
8) B	36) B	64) C	92) C
9) C	37) B	65) A	93) A
10) A	38) D	66) B	94) D
11) D	39) C	67) A, A	95) C
12) B	40) B, B	68) A	96) D
13) B	41) A	69) D	97) D
14) A, B	42) A	70) C	98) C
15) A	43) B	71) D	99) A
16) B	44) C	72) B	100) B
17) B, B	45) D	73) A	
18) D	46) B	74) C, C	
19) A	47) B	75) B	
20) C	48) C	76) A	
21) B	49) D	77) B	
22) B	50) C	78) C	
23) C	51) D	79) D, D	
24) B	52) C	80) B	
25) A	53) C	81) B	
26) A, C	54) A	82) B	
27) A, A, A	55) C	83) A	
28) C, A	56) A	84) B	

Korean Grammar
for Speaking

초판 1쇄	2016. 02. 02
2판 5쇄	2023. 01. 20
발 행 인	송 원 (Song Won)
발 행 처	송 원 (Song Won)
주 소	강원도 평창군 대화면 신리 325-5
출판등록	제2016-000003호
이 메 일	rokmcsw@gmail.com
ISBN	979-11-957162-0-3

Copyright © 2023, Song Won

First Published	February, 2nd, 2016
5th Printed	Jan, 20th, 2023
Written by	Song Won
Publisher	Song Won
Address	Gotogok-gil 103-18, Pyeongchang, Gangwon-do, South Korea
Publication License	제2016-000003호
Email	rokmcsw@gmail.com
ISBN	979-11-957162-0-3